「じぶん」「いのち」「なかま」を見つめる道徳授業

永田繁雄 編

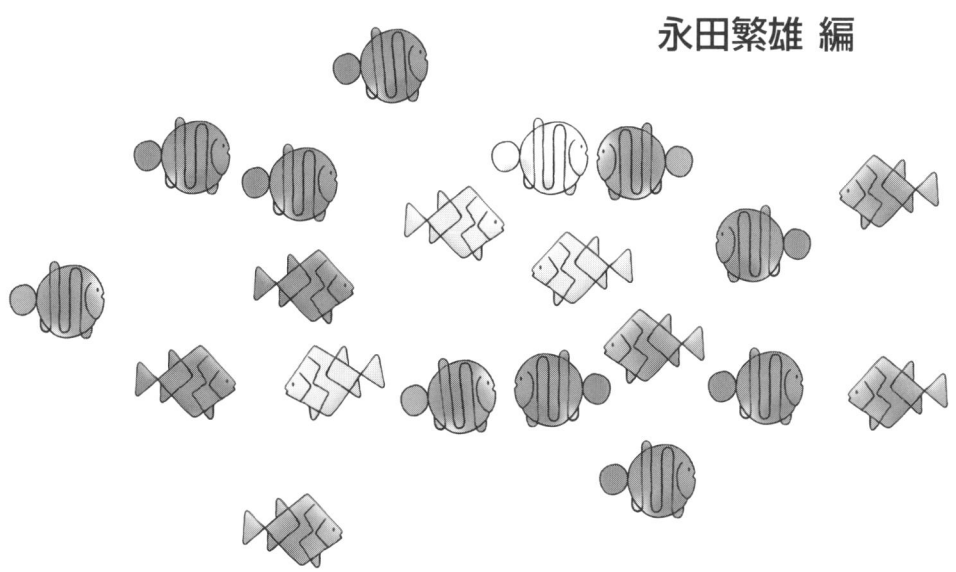

教育出版

まえがき

　これからの教育は「生きる力」の育成を中核とすべきであると，中央教育審議会が初めて提言したのは，平成8年7月であった。

　その答申からはや10年がたった。当時小学生だった子どもたちの多くは，青年期のまっただ中にいる。今，心の二極化が叫ばれ，人生への意欲がもてない若者が増えているとの指摘もある。その要因としては，バブル崩壊以後の経済状況や情報技術の進展等が生み出す社会環境の問題がきわめて大きい。生まれ出たときからその環境の中にいるのに，子どもや若者に第一の責任があろうはずがない。しかし，そこでは様々な負の問題が生まれ，若者世代から子ども世代へ，そしてこれから学ぶ世代へと後送りされてしまっている。

　現在，教育改革への大きな胎動の中にある。それは，その負の連鎖を断ち切るために，国を挙げて新たな方向を模索しているのだとも言えよう。その関心の中心は，学力不安の問題である。最近の雑誌などには，受験技術や受験情報に関する見出しが数多く躍るようになった。大学希望者全入時代となりつつあるのに，あたかも，かつての受験地獄の時代が再来したかのような複雑な思いに駆られるのは，心の問題を憂える人たちの共通の思いだろう。学力不安の根っこには，子どもの学習意欲や生活意欲のみならず，自尊感情の不安定さ，社会的自立への意志の弱さなど，心の成長の問題が大きな影となって横たわっているはずなのである。

　だからこそ，道徳教育とそのかなめとしての道徳の時間は，子どもの心の活力を育てる中軸となる教育活動として，これからますます重要な役割を果たさなくてはならない。せっかく毎週1時間特設されている道徳の時間というビッグチャンスを十分に生かさないままで，「子どもたちの心の成長が不安だ」と訴え続けているのでは，どうして説明責任を果たすことができようか。

　私たちは今，目の前にいる子ども一人一人の中に眠る心の活力を信じるところからこの問題に向かいたいと思う。その心の根っこを揺さぶり育て，本来も

つ「よりよくなりたい」という思いを引き出したいと思う。

　そのような願いをもって，本書の編集に際して，「じぶん」「いのち」「なかま」を３つのキーワードとした。それは，次の理由からである。

　ひとつは，この３つが，現在の子どもの心の成長の課題に符合する自然で素朴なキーワードだと感じるからである。自己確立の弱さ，生命に対する意識の希薄化，居場所の不安定さ，人とかかわる力や集団への参画力の低下などがしばしば問題とされる。そして，これらは子どもの心の中ではつながっている。それを３つの自然体の言葉に整理してみたのである。

　ふたつには，子どものもつ自己意識や価値意識，価値観を，子どもが日常の中でつぶやくような言葉にすることによって，自己を見つめる子どもの立場から道徳的価値の指導を考えてみたいと思うからである。道徳の時間を，いわゆる徳目主義的，教え込み的な印象ではなく，子どもの視点からの「学習」として考えることで，道徳授業の地平がさらに広がると考えている。

　もちろん，この３つの言葉だけで期待される方向がすべてカバーできるとも考えてはいない。１つの柔軟な見方であると受け止めていただきたい。

　この編集方針に合わせて，多くの先生が貴重な実践事例を提供してくださった。いずれも全国の各地域で道徳教育の実践リーダーとして色濃い授業を積み重ねられている人ばかりである。道徳の時間の一層の活性化は，このような力強く発想豊かな授業を生み出す教師の気概と創意を感じ取ることが大きなきっかけとなる。したがって，各事例は，執筆者の授業観を尊重して掲載させていただいている。各学校，各教室で多様な創意ある指導を生み出すときに，本書が何らかの参考となれば幸いである。

　なお，本書が出版にまでたどりつくことができたのは，教育出版の阪口建吾氏の辛抱強い援助に負うところが大きい。記してお礼を申し上げたい。

2006年9月

編者　永田繁雄

目　次

まえがき

序章　子どもの中の「じぶん」「いのち」「なかま」　　1

1章　「じぶん」を見つめる　　7

　1　子どもが見つめる「じぶん」とは　　8
　2　「じぶん」を深く見つめるための道徳資料　　10
　3　子どもが「じぶん」を深く見つめる授業づくり　　11

◆子どもが「じぶん」を見つめる授業実践〈1〉
　　どこでやめるのか──自律から自立へ　　14
　　　●低学年〔基本的な生活習慣・節度〕の実践　●中心的な資料「かぼちゃの　つる」

◆子どもが「じぶん」を見つめる授業実践〈2〉
　　やってみようとする心 できる喜び──自分でできることは自分で　　22
　　　●低学年〔基本的な生活習慣・自立〕の実践　●中心的な資料「ようし, ぼくだって」

◆子どもが「じぶん」を見つめる授業実践〈3〉
　　これが今のわたし──もっとよくなる自分づくり　　30
　　　●中学年〔思慮・節度〕の実践　●中心的な資料「きじばとのポッポ」

◆子どもが「じぶん」を見つめる授業実践〈4〉
　　明るくのびのびとした心こそ自分の元気のもと　　38
　　　●中学年〔正直誠実・明朗〕の実践　●中心的な資料「まどガラスと魚」

◆子どもが「じぶん」を見つめる授業実践〈5〉
　　夢や希望こそが自分のたから　　46
　　　●高学年〔夢・希望, 努力〕の実践　●中心的な資料「ミホの挑戦」

◆子どもが「じぶん」を見つめる授業実践〈6〉
　　自分らしさを大切にしよう　　　　　　　　　　　　　　54
　　　●高学年〔個性の伸長〕の実践　●中心的な資料「短所は長所」

2章　「いのち」を見つめる　　　　　　　　　　　　　63

1. 子どもが見つめる「いのち」とは　　　　　　　　　　　64
2. 「いのち」を深く見つめるための道徳資料　　　　　　　67
3. 子どもが「いのち」を深く見つめる授業づくり　　　　　68

◆子どもが「いのち」を見つめる授業実践〈1〉
　　生まれ育つ「いのち」を見つめ，「いのち」を語る　　70
　　　●低学年〔生命尊重〕の実践　●中心的な資料　動物の写真

◆子どもが「いのち」を見つめる授業実践〈2〉
　　生まれるいのち，育ついのち――生まれてきてよかった　78
　　　●低学年〔家族愛〕の実践　●中心的な資料「ぼくの生まれた日」

◆子どもが「いのち」を見つめる授業実践〈3〉
　　かけがえのない命を自覚する　　　　　　　　　　　　86
　　　●中学年〔生命尊重〕の実践　●中心的な資料　絵本『わたしのいもうと』

◆子どもが「いのち」を見つめる授業実践〈4〉
　　今を最高に生きる　　　　　　　　　　　　　　　　　94
　　　●中学年〔生命尊重〕の実践　●中心的な資料「人間愛の金メダル」

◆子どもが「いのち」を見つめる授業実践〈5〉
　　共に支え合い，輝くいのち　　　　　　　　　　　　102
　　　●高学年〔生命尊重〕の実践　●中心的な資料　ビデオ「限りあるいのちからの学び」

◆子どもが「いのち」を見つめる授業実践〈6〉
　　「いのち」を見つめ直す学習ビジョン　　　　　　　110
　　　●高学年〔生命尊重〕の実践　●中心的な資料「生きていることを考えよう」

3章　「なかま」を見つめる　　　　　　　　　　　　119

1. 子どもが見つめる「なかま」とは　　　　　　　　　120
2. 「なかま」を深く見つめるための道徳資料　　　　　123
3. 子どもが「なかま」を深く見つめる授業づくり　　　124

◆子どもが「なかま」を見つめる授業実践〈1〉
　　かけがえのないたから・友だち ……………………………………… 126
　　　●低学年〔信頼・友情〕の実践　●中心的な資料「一本のはし」

◆子どもが「なかま」を見つめる授業実践〈2〉
　　だれにでも親切にしようとする心 …………………………………… 134
　　　●中学年〔思いやり・親切〕の実践　●中心的な資料「不思議なぼくの気持ち」

◆子どもが「なかま」を見つめる授業実践〈3〉
　　お互いに支え合い，いっしょに生きるなかま ……………………… 142
　　　●中学年〔信頼・友情〕の実践　●中心的な資料「いいち，にいっ，いいち，にいっ」

◆子どもが「なかま」を見つめる授業実践〈4〉
　　許し合える仲間 ………………………………………………………… 149
　　　●高学年〔信頼・友情〕の実践　●中心的な題材　体育の時間の出来事から（役割演技を通して）

◆子どもが「なかま」を見つめる授業実践〈5〉
　　真のリーダーになるために …………………………………………… 157
　　　●高学年〔役割の自覚と責任〕の実践　●中心的な資料「幸せをおくるリーダーに」

◆子どもが「なかま」を見つめる授業実践〈6〉
　　世界のなかまをひろげよう …………………………………………… 165
　　　●高学年〔国際理解・親善〕の実践　●中心的な資料「エドウィン＝ライシャワー」

序章

子どもの中の
「じぶん」「いのち」「なかま」

●子どものもつ前向きな心の力を阻むもの

　子どもはだれもが，どんな環境の中でも，自分らしい生き方について考え，人とともに心豊かに生きることを渇望している。その意欲を信頼し，その方向への礎(いしずえ)となる内面的な豊かさや心の力としての道徳性をはぐくむのが道徳教育である。道徳性とは，子ども一人一人がよりよい生き方を目指そうとする人格的特性であり，人間らしいよさである。またそれは，子どもの内的なエネルギーとして，生きる楽しさや活力を生み出すものである。

　道徳の時間は道徳教育のかなめとしての役割をもっている。教師が意図的・計画的に子どもの心に働きかけ，心を揺り動かし，子どもの内に秘めた可能性としての心の豊かさと活力が引き出されてくるように，聴き，促し，待つ時間なのである。

　なぜ，この道徳教育，とりわけ道徳の時間が，今，ますます重要になっているのか。それは，現在を生きる子どもたちにとって，そのような心の豊かさや活力をもつきっかけとなる機会が少なくなるどころか，マイナスとなる要因が子どもの世界を席巻しているからである。

　情報通信機器が日進月歩の勢いで改良され，子どもの世界にも激しい勢いで入り込んできている。丸一日人と顔を合わせなくても過ごせてしまうような，個にこもる空間や時間の増大がそれに拍車をかけている。それは，若者世代から子どもへとつながっている自己中心空間である。その中で，自分自身の大切さや人とかかわる面白さなどに目を開く機会を十分にもてないまま，自分が好きになれずに，生活や人生への意欲そのものを低減させている子どもや若者が増えているのではないかといわれる。子どもはいつから「規則を守ると損をする」「軽薄さが格好いい」「正直者が馬鹿を見る」「真面目とは言われたくない」などと負の力をもった価値観に惑わされているのだろう。

　しかし，再度考えたいのは，これらの要因はすべて子どもたちが蒔いた種ではない。子どもたちは，生まれ出て過ごしてきた環境の中で，翼を広げたくても十分に広げることができないままでいるのである。

●子どもの中の「共によりよく生きよう」とする心を呼び覚ます

今,子どもたちの心の豊かさや活力を,どのような側面から育てていくことができるだろうか。

子どもたちに育てたい道徳性を,私たちになじみやすい言葉で表現するならば,1つの仮説的な見方として,右図のような配置をもとに理解することができそうだ。

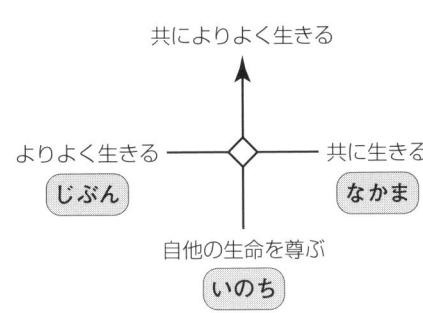

まず第一は,図の左側に示すように,子どもの中にある「よりよく生きよう」とする心の力に気付かせ,それを伸ばしていこうとする意欲を育てることである。そのためには,もっとがんばろう,高まろうとする意志をもつ「じぶん」自身について豊かに見つめる目をはぐくむことが重要になる。

第二は,図の右側にあるように,子どもの中の「共に生きよう」とする心に気付かせ,その力を育てるために,他の人とのかかわりを発展させていくことである。道徳性は,身近な仲間や身内から発し,集団や社会における様々なかかわりを通して発達するものだからである。そのためには,広がろう,豊かにかかわろうとする「なかま」を見つめる目をはぐくむことが必要になる。

第三は,それらを支える基盤としての「自他の生命を尊ぶ」心,いわば,自分を大切にするとともに他をも心から大切にしようとする心を育てることである。そうすることで,確かな自尊感情や自己肯定感も形成される。そのためには,あらゆる「いのち」を見つめる眼差しをはぐくむことが重要になる。

これらのうち,図の左に示す「じぶん」についての意識と,右に示す「なかま」についての意識は,時に対立する。自分を高めようとして他者との競争が優先したり,他者と衝突したりすることもあるからである。逆に他者との関係や集団の中に合わせようとするあまりに自分を見失うこともあるだろう。

しかし,一方で私たちは,集団での相互の高まりの中で自分自身も高まるこ

とを好む存在でもある。ちょうど，働くことが自己を高めると同時に社会のためにもなるように，この両者はしっかりとつながっている。そして，これらの「じぶん」意識と「なかま」意識を連結しているのが，自己も他者をも尊ぶ「お互いさま」の心であり，共に「いのち」をいとおしむ心の豊かさである。

さらに，これらの「じぶん」「いのち」「なかま」の３つの側面が子どもの内面において統合されて，図の上向きの矢印で示す「共によりよく生きよう」とする力となり，確かな自己の形成につながるのだと考えることができる。

● 「じぶん」「いのち」「なかま」と道徳の内容の４つの視点

ここで考えた３つの側面は，学習指導要領に示す道徳の内容の４つの視点とそれぞれが並行的に強く関連していることが十分にとらえられる。

まず，「じぶん」は，道徳の内容の視点「主として自分自身に関すること」に強い関連があり，「いのち」は，「主として自然や崇高なものとのかかわりに関すること」と最も関連している。また，「なかま」は人間関係の広がりの視点から，「主として他の人とのかかわりに関すること」や「主として集団や社会とのかかわりに関すること」に示す内容項目が大きくかかわっている。

その角度から，子どもが「じぶん」「いのち」「なかま」を見つめることとはどんなことかを考えるならば，学習指導要領のそれぞれの視点に示す内容項目を手がかりとして，およそ次のように理解することができる。

① 「じぶん」を見つめるとは…

まず，「じぶん」を見つめるとは，自分自身の生活自立の大切さを感じ，忍耐力や継続力をもつことであり，主体的，自律的に生きていくことの大切さについて自覚を深めることである。またそれは，自己の中に夢やあこがれをもち，自己実現へと向かおうとする意欲を高めていくことであるといえる。

② 「いのち」を見つめるとは…

次に，「いのち」を見つめるとは，生命に対する豊かで奥行きのある見方ができるようになることである。それは，自分が多くの生命に支えられていることを感じ，自他の生命の大切さを感じることであり，自らが生命を燃やし，心

豊かに生きようとすると同時に，かけがえのない互いの生命を最大限に尊重し合い，敬愛し合う気持ちをもつことでもある。

③ 「なかま」を見つめるとは…

また，「なかま」を見つめるとは，相手の心を想像し，その思いに共感することから始まる。そこでは，集団規範や社会規範が大切にされ，居心地よい集団の中での所属意識や愛情があたためられていく。また，それは，集団に参画し，互いに協力し合い，集団のために力を尽くすことの大切さを自覚していく過程でもある。

● 子どもの中の「じぶん」「いのち」「なかま」意識を確かな価値観に

では，そのような価値意識を子どもの中に呼び覚まし，それを主体的に生きるためのより確かな価値観として子ども自身が自覚を深めていくことができるようにするためには，どのようにするとよいのか。

道徳の時間の指導で今大切なのは，特段に難しい方法を駆使することではない。道徳の時間の特質を大切にし，その上に立って教師の創意工夫を十分に生かした地道な指導を展開することである。具体的には各章で述べるが，指導の方向として，特に次の点に着眼することが大切である。

◆子どもの心を揺り動かす……子どもの心を揺さぶり，子ども自らが心の根を張り，深く伸ばしていくような授業を構想する。教師から教え注入する構え以上に，子どもが自らつかみとるような感覚の授業を大切にする。

◆子どもの問題意識を呼び覚ます……子ども自身の追求活動が生きた学習となるようにするために，子どもにとって切実感，必要性があり，子どもの問題意識を大切にした授業づくりをする。

◆多様な考えに触れる場をつくる……道徳の時間は，ある問題場面に直面してそれぞれに真剣で多様な考えが引き出され，ぶつかり合うところが中核となる場合が多い。その考えの多様さは，多くの場合，資料中の人物への共感を深めることを通して引き出される。

◆磨き合いの場をつくる……対立・共感・修正などの切磋琢磨の場をつくること

によって，一人一人の考えが一層明確化される。そこでは，「なぜそう思うのか」「この意味は何か」というような，分析的な理由付けを生かした話し合いも考えられる。

◆自己をじっくりと振り返る場をつくる……資料の世界で話し合いを閉じることなく，自己と対峙して，自分や自分たち自身の生き方を考え合う場を置くことは，子どもが価値の自覚を深めていくのに大きな力を発揮する場合が多い。

◆日常生活とつなぐ手だてを打つ……道徳の時間そのものが孤立化し，その時間だけで閉じられたものとならないようにしていくことも重要である。授業の入り口としての導入や出口としての終末の工夫でつなげることができる。また，学級の掲示環境や教師の日常の子どもへの助言でも手を打つこともできる。

　これらの着眼点は道徳の時間の指導で広く生かされる視点であり，子どもが何をどう学習するかという視点を大切にしてこそ，より深い価値の学びが促される。そこで，次章より，「じぶん」「いのち」「なかま」のそれぞれを取り巻く状況やその授業における押さえどころを整理しながら，多様な授業事例を通して学んでいくこととしたい。

〔永田繁雄〕

1章
「じぶん」を見つめる

1　子どもが見つめる「じぶん」とは

●精一杯大切にしたい「じぶん」と不安定な「じぶん」

　子どもは，何よりも「じぶん」を大事にしたいと思っている。そして，その「じぶん」の中に「よりよく生きたい」「もっとよくなりたい」という前向きな気持ちがあることを知っている。

　多くの子どもがそのように感じている中で，必ずしもそのような思いになれない子どもたちが常に一定の割合でいる。例えば，「自分が好きではない」と感じる子どもが必ずしも少なくないという実態が報告されている。日本子ども社会学会の調査（平成16年）によれば，「あなたは自分が好きですか」という問いに，「（あまり・ぜんぜん）好きではない」と回答した割合が，小学校高学年では38.7％にも上り，今までにない高率になった。自分が好きでないところから，「よりよく生きたい」という心の力はわきようがない。

　それと連動して，子どもの中の「じぶん」が様々な面で不安定になっている。

　まず，子どもの生活習慣の不安定さが生活基盤を揺るがせている。朝食を毎日必ず食べる小学生の割合は，文部科学省の平成17年の調査では85％に満たなかった。一日の生活全体に大きな影響を与えていることが推察される。

　また，いわゆるキレる子どもの存在など，自制心や自己統制力の面での課題も指摘されている。心身にストレスを溜めやすいこのような傾向については，生活習慣の乱れとともに，20年以上も続く体力の低下傾向との関連を指摘する声もある。

　さらに，成長とともに真面目さを否定的に見る傾向を強めていることが挙げられる。真面目さは誠実さであり，真剣で真摯な取組や態度を肯定的にとらえる心情として，健全な自尊感情や自己肯定感に直結する。しかし，その言葉を，「マジメくん」「マジ？」などと否定的に使う傾向が強いのである。

　その結果，「じぶん」の中の向上意欲も低減させている。例えば，日本青少年研究所による高校生の意識調査（平成17年）によれば，「どんな生徒になりたいか」の回答として「勉強がよくできる」（40.5％），「リーダーシップが強い」

(15.7%) のいずれも，同じ調査をした他国の半分程度またはそれ以下の割合という低さであった。大人になる過程で「じぶん」を高めようとする意欲そのものが不安定になっているのがうかがえる。子どもの中に前向きな心の力をわかせることが大きな課題となっているのである。

●子どもが「じぶん」を見つめる「窓口」

　では，子どもが「じぶん」を見つめるとき，自分自身の中のどんな特長や性格，そして価値意識や価値観を見ているのだろうか。ここでは，道徳の内容のⅠの視点「主として自分自身に関すること」が最大の窓口となる。そこに位置づく内容項目として広く呼称されている言葉を手がかりとするならば，下の左のようなキーワードで押さえることができる。

Ⅰの視点の内容項目にみるキーワード	横断的に見たときの窓口（例）
健康・安全　物の活用　規則正しい生活	……基本的な生活習慣など
節度・節制　思慮深さ　勤勉さ・努力	……自制心など
不とう不屈　目標	……忍耐力・継続力など
夢・希望　勇気　向上心　自由と規律	……自立・自律・向上心など
正直・明朗　誠実さ　真理愛	
創意進取　個性の伸長　など	……自己実現など

　このように，子どもが「じぶん」を見つめる窓口となる道徳の内容は多様である。これらは，広く上の右のような窓口として置くことも可能である。

　さらに，これらを一連のものとして順序立てて理解することも可能である。例えば，まず，足腰の力となる基本的な生活習慣を身に付け，忍耐力や継続力などの内面的な力で自律・自制的な生き方を目指し，夢や希望などの向上心をもって自己実現へと向かう「じぶん」の中の心の階層である。

　これはあくまで仮説的な見方ではあるが，このような価値に目が向けられるようにし，「じぶん」を見る目

「じぶん」を見つめる窓口（1つの見方）

を豊かにしていくことが大切である。
● 子どもが「じぶん」を豊かにより深く見つめるために

では，実際の指導に際してどのような方向をもつとよいのか。これらの内容項目を手がかりとするならば，次の4点を押さえることができそうだ。

① 生きる基盤としての生活づくりの大切さの自覚を促す

まず，今の自分自身が「これでいいんだ」「今の自分でいいんだ」と受け止められる生活づくりをすることである。そこに安心感が芽生え，それが「じぶん」を一層向上させるための心の前提となり，基盤にもなる。

② 誠実な生き方を肯定的に捉えられるようにする

また，子どもが自分の中に誠実さを大切にして生きようとする姿を見付け，真剣に取り組む「じぶん」にプラスのイメージをもつことができるようにすることである。前向きな生き方への自律心，自制心もそこから生まれてくる。

③ 夢やあこがれを感じ取ることができるようにする

さらに，子どもが価値ある生き方や理想とする生き方を感じ取り，夢やあこがれをもち，それを自覚できるようにすることが大切になる。

④ 自己の生き方への課題をあたため自己実現への意欲を高める

そして，自分らしさを自覚し，やりたいことやるべきことを見付け，その実現に向けて努力しようとする心の構えをはぐくむのである。

2 「じぶん」を深く見つめるための道徳資料

これらの方向性を生かした道徳の時間の授業をどのように進めるのか。

授業づくりに当たって肝要なのは，まず，効果的な資料の選択である。子どもが「じぶん」を深く見つめる資料としては，特にⅠの視点である「主として自分自身に関すること」における資料を中心として様々に考えられる。そこでの既成の道徳資料を選択するとともに，新たな資料を開発するに際して，例えば，次のような着想に立ったものを生かすと効果的である。

◆生活の中の個の姿が描かれたもの……学校生活や家庭生活に取材した資料，作文を生かした資料などである。特に，低学年の子どもはいわゆる等身大の資料

の中で，自分を投影させて考えることが効果的である。生活の中での継続的な努力などが描かれ，考える場面が明確な資料を生かしてみたい。

◆自己を投影しやすい寓話や童話的な資料……寓話や童話は，動物が主人公になっていたり，民話がもとになっていたりして，子どもの世界から遠い場合もある。しかし，子どもが現実から離れ，自由に自己を投影するきっかけとなることも多い。生活に根ざした資料とは違う利点を生かすことができる。

◆ヒーロー・ヒロインの生き方を描いたもの……例えば，スポーツマン，芸術家，マンガ家など，今をときめく人は子どもの心にその生き方が深く刻まれる。歴史上の人物や伝記上の人物の生き方に取材した資料も，子どもが自己と比較したり自己を投影したりして深く「じぶん」を見つめるきっかけになる。人並みはずれた努力や自己実現へのエネルギーに心を動かし，価値の自覚を深め，自分なりの生き方を見付けることが期待される。

◆登場人物の心の動きが効果的に描かれた資料……子どもが資料中の人物に自分を重ねて考えるとき，人物への共感だけでなく，自己の体験を引き出して重ね，自分自身のこととして考えられる部分も必要である。その場合，心の動きなどを書きすぎている資料ではなく，考えたい部分を空白にしたり，表現を絞ったりしている資料などが効果的な場合が多い。そのような心の動きがメリハリよく表現されている資料を選ぶように努力する。

③　子どもが「じぶん」を深く見つめる授業づくり

資料選びに続いて重要なのは，その資料を生かした授業づくりである。

道徳の時間は，『小学校学習指導要領解説　道徳編』（文部科学省，平成11年）にも示すように，もとより「児童一人一人が，……自己を見つめ，道徳的価値を発達段階に即して内面的に自覚し，主体的に道徳的実践力を身に付けていく時間」（傍点筆者）としての特質をもっている。子どもが「じぶん」を見つめる授業の工夫は，道徳の時間の最大の押さえどころであると言える。

したがって，子どもがより深く「じぶん」を見つめられるようにするための工夫として，広く道徳の時間で言われていることがらも含め，特に力点を置き

たい指導上の工夫を整理するならば，下記のものが挙げられる。

●指導過程での「じぶん」を見つめる主な工夫

まず，指導過程の構想についてである。子どもがより「じぶん」を意識して学習を進められるようにするためには，次の点への着眼が効果的である。

◆子ども自身の問題意識から出発する……道徳は，子ども自身の生き方の問題であり，課題である。問題意識が強ければ強いほど，子どもは自己の問題として真剣に受け止め，主体的に追求する。そこで，授業の入り口などで，子どもの問題意識が鮮明になるような活動の工夫をする。

◆自我関与などの共感的追求を重視する……共感的追求とは，子どもが資料中の人物の気持ちや考えを想像し，そこに自分の感じ方・考え方を重ねながら，それを深めていくことである。そこでは自己投影や自我関与がなされ，子どもが「じぶん」の在り方を意識しながら価値の追求をすることができる。

◆振り返りの場を重視する……多くの道徳の時間で，子どもが自分自身を直接振り返ったり，自分のこととして価値を受け止めるための話し合いをしたりする段階が置かれている。子どもが「じぶん」を見つめる話し合いでは，特にこの段階の充実を図ることが効果的である。

◆体験活動との連結を生かす……体験活動は，手間暇をかけてじっくり取り組むものが多く，そこでは，子どもの継続力や忍耐力が試される。道徳の時間の指導の前後や並行的な時期に体験活動が進められるようにすることで，子ども自身が体験活動に臨む「じぶん」の心の態勢を強く意識したり，それを参考として考えを一層深めたりする話し合いが期待できる。

◆課題を見付け明確にできる場をつくる……夢や希望をもって自己の生き方を切り拓こうとする構えを育てるために，価値へのあこがれをあたため，課題を意識できる機会をつくる。これは授業の後半部や終末で行うことが多いと考えられるが，教師から「どうしたいか」「何をやるのか」などと決意を求めるのではなく，子どもが自ら「これからこうしたい」「これができそうだ」などと語りたくなるような場にすることが重要である。

●指導方法における「じぶん」を見つめる主な工夫

次に，指導方法の創意工夫としては，以下のものが考えられる。

◆役割演技などの表現活動を生かす……表現活動には，身体表現を通して自己の感じ方・考え方を表すものが多い。その自己表現によって主題や資料についての考えなどが表され，それが他の多くの子どもの意見との学び合いによって磨き上げられる。またそれは，子どもが「じぶん」の考えの在り方について深める格好の機会にもなる。次節より示している指導事例でも，役割演技が複数取り上げられている。

◆書く活動の取り入れ……書く活動は，子どもが「じぶん」と対峙してじっくり考えをまとめる個別活動の場である。子どもが自分の考えを手間をかけてまとめる活動は，子ども自身の深い振り返りにもなり，また，教師による子どもの評価や個別指導の最大のチャンスにもなる。

◆自己評価の方法を工夫する……子どもが自分の心情や考え方の様子を目に見えるようにするのも有効な方法である。例えば，心情図などで色の面積比によって考えの状態を示すようにしたり，いわゆるSD評価のスケールによって自分の考えを示したりする方法がある。また，考えの違いの類別や類型化を通して，自分の考えを記号や色で示す方法などもある。そうすることで，子どもが「じぶん」の考えのありかを他の人の考え等と比較しながら鮮明に意識することができる。

◆家族など，他者の声や評価を生かす……互いの個性やよさを伝え合ったり，相互評価をしたりする活動は，子どもが多くの人の中の「じぶん」を強く意識する機会になる。家族から自分に対するメッセージをもらうのも「じぶん」について意識するよい機会となる。

ここに列記した内容を中心として，他にも創意工夫のポイントが様々に考えられよう。次節より提供していただいた6つの実践事例には，これらの工夫をはじめとして各実践者の創意による多様な指導方法が織りこまれている。ぜひ，参考としていただきたい。

（永田繁雄）

◆ 子どもが「じぶん」を見つめる授業実践＜1＞

どこでやめるのか
―― 自律から自立へ ――

● 低学年〔基本的な生活習慣・節度〕の実践
● 中心的な資料「かぼちゃの　つる」

わがままを通そうとする「じぶん」を見つめる

「粋な人」という言葉がある。昔は「粋」ではなく，程度の「程」という字を使っていたという。古来より，社会生活を営むうえで，程度をわきまえた人間が一つの目指す人間像として求められてきた証である。

活力に満ち，行動的であり，自分の興味に向かって突き進む低学年の子どもたちに，周りも自分も互いに気持ちよく生活するためには，自分の思いを通すことと，他者の思いに目を向けることの程合いを考えさせる必要がある。ついつい自分の思いを通してしまう自分があることに気づきながら，他者の感情や思いにふれ，自分が他者に与える影響を考えることが，自分の心を律し，自己を確立（自立）していくことにつながると考える。

自己を見る目を豊かにする主な手だて

1　主人公の生き方や仲間の感情表現にかかわって，自己の内面を追求し，表現できるようにする手だてのあり方

①役割演技・動作化を位置づけた指導過程の工夫。

②役割演技・動作化のねらいの明確化。

2　学び合っている仲間に心が向き，内面の差異を感じとることができるようにする手だてのあり方

①相互の学びからみた役割演技・動作化。

②終末のあり方の工夫。

1章 「じぶん」を見つめる

|第1学年　道徳学習指導案|

1　主題名　どこでやめるのか

【内容項目　低学年：基本的な生活習慣・節度】

2　中心資料名　「かぼちゃの　つる」(『1ねんせいのどうとく』文溪堂)

3　ねらい　夢中になると，ついつい周りのことを考えなくなって，やりすぎてしまう自分があることに気づかせるとともに，相手の忠告を受け止めることを通して，自分勝手な行動を慎もうとする心情を育てる。

4　主題設定の理由

(1)　指導内容について

> 健康や安全に気をつけ，物や金銭を大切にし，身の回りを整え，わがままをしないで，規則正しい生活をする。

　基本的な生活習慣を身に付けることは，子どもの人間形成において極めて重要なことである。この時期に身に付けた生活習慣は生涯にわたってあらゆる行為の基盤となるといわれている。1年生の子どもたちは，活力に満ち，行動的であり，自分の興味のあることをどんどんやろうとする，すばらしい姿がある。だが，熱中しすぎるあまり，仲間のことにまで思いが至らず，自分本位でわがままな行動をとってしまう姿も見られる。

　よって，この時期に，自分の周囲の人にも目を向けさせ，相手のことも考えながら，自分勝手な行動を慎もうとする気持ちを育てることは大切であると考える。

(2)　子どもの姿

　自分勝手な行動はいけないということを頭では理解している。しかし，状況の変化に伴って下記の阻害が起きると考える。

> 【阻害要因】　楽しいことに熱中するあまり，まわりのことを考えないで，「おもしろい」「少しぐらい」という気持ちで，自分の楽しみを優先してしまう。

(3) 教師の願い

　自分勝手な行為をわがままだと自覚していない場合が多く，その行為が他の人の迷惑になっていることすら気づいていないこともある。周りも自分も互いに気持ちよく生活するためには，自分勝手な行動を慎もうとする気持ちが大切であることに気づかせたい。

(4) 資料について　【資料「かぼちゃの　つる」の取り扱い】

- みつばちたちの忠告を聞き入れず，自分勝手をしているかぼちゃの思いが自分たちにもあることに気づかせ，その内面を追求させたい。
- 自分のしたい放題にしているかぼちゃの思いを，車につるを切られ泣いているかぼちゃの思いとつないで考えることでねらう価値に迫りたい。
- わがままを押し通す行為がもたらすものについて実感させたい。

5　役割演技・動作化について

(1)−①　役割演技・動作化を位置づけた指導過程の工夫

　役割演技・動作化は心理的視覚的なものが伴い，低学年の子どもには発達段階に合った追求の方法であると考える。感情を豊かに表現し自己の内面を見つめるために役割演技・動作化を位置づけた指導過程を次のようにとらえている。

【日常の学校生活での実態】
全教育活動での実態をもとに「どこを，どのように」授業で切り込んでいくのか。

　　　　　　　子どもの実態→ねらい←指導内容

【それぞれの指導過程で大切にすること】
【自分に気づく過程】　←主に動作化　＊（なってみて）　そこから　（見つける）
・動作をすることで実感を伴って，主人公と同じ気持ちが自分にもあることに気づく。
・ありのままの自分の感じ方や考え方を表出する。
【自他を知る過程】　←主に役割演技　＊（見つけた）　ものから　（感じる）
・多様な感じ方や考え方があることを知る。
・仲間の感じ方や考え方に心が向き，共感したり批判したりしながら感じとる。
【自己に問いかける過程】　←主に役割演技　＊（感じた）　ことを　（考える）
・自己の内にある矛盾を整理し統一していくことで，憧れやすっきり感を感じとる。

1章 「じぶん」を見つめる

【道徳的実践の指導・日常生活へ】
①継続している活動へつなげる。　②日常生活へつなげる。
③人間としての憧れへつなげる。
　　　　　　　　　前向きな明日に向かうエネルギー（道徳的実践力）

(1)―② 役割演技・動作化のねらいの明確化

役割演技・動作化の特質を生かした目的やねらいを明確にして、指導過程への適切な位置づけをしていくことが、何よりも重要であると考える。

【ねらい】
①再考ドラマのような確認
②心情に浸る
③場と状況が生き生きとする
④創造的な生き方の追求

(2)―① 相互の学びから見た役割演技・動作化

相互の学びを通して、内面の差異を感じとるためには、役割演技・動作化を人の具体的な生き方として受け止める見方が大切である。

【演技に表れること】
①目で見てわかること（顔の表情・動き）
②耳で聞いてわかること（語調・抑揚）

【演技を生み出している思いや願い】
①自分と同じ感じ方・思い
②自分と違っている感じ方・思い

そして、「違いを明確にすること」が、自己を見つめる入り口となると考える。

(2)―② 終末のあり方の工夫

終末では、下記のねらいで「話の続き」をつくり演じることを試みている。

①学び合いの成果としての価値観の広がりと深まりの具体を把握することができる。
②憧れやすっきり感を感じとっていない場合に、話題の扱いのどこが問題であったのかをふりかえることができる。

創造的な生き方の追求をねらいとした役割演技は、より深い価値の自覚につながると考える。

6　本時の展開

過程	過程のねらい	学習活動	指導の手だて
自分に気づく	・伸びたいという願いがある主人公の気持ちに共感する。	1．畑の中で、じっとしているかぼちゃさんは、どんなことを言っていますか。 ・苦しいよ。早くして。 ・まだ、動いてはいけないの。 ・動きたいよ。もうやめて。	・じっとしていると動きたくなる主人公の気持ちに目を向けられるように、教室の床に線で囲いを作り、かぼちゃ畑の中にいるという状況を確認しながらじっとしている動作ができるようにする。
自分に気づく	・伸びると楽しいという主人公の気持ちに共感する。	2．つるをぐんぐん伸ばしているかぼちゃさんは、何と言いますか。 ・伸びると気持ちがいいな。 ・もっと伸びたいな。 ・楽しいな。どこまで伸びようかな。	・「伸びたい」「楽しみたい」という主人公の気持ちが自分にもあることに気づかせるため、解放された状況を確認をしながら、伸びることを楽しむ動作を思いきりできる場面をつくる。
自他を知る	・周りのことを考えないで自分の楽しさを優先する主人公の気持ちに共感する。	3．みつばち、ちょうちょ、すいか、こいぬに注意されたときに、かぼちゃさんは何て言いますか。 （みつばち、ちょうちょ） ・うるさいな。楽しみの邪魔をするな。 ・あっちに行け。お前に関係ないだろ。 （すいか、こいぬ） ・少しぐらい、いいじゃないか。 ・けちけちするなよ。せっかくここまで伸びたんだから。	・「楽しみたい」「少しぐらいいいじゃないか」という主人公の気持ちが自分にもあることに気づかせるため、場と状況が生き生きとする条件を入れながら、忠告を聞き入れない動作をさせたい。 ・忠告を聞き入れないで、さらに伸びようとする主人公の心情に浸らせるため、「もっと伸びたいんだ。邪魔をするな」という内面が吐露される役割演技ができるようにする。 ・仲間の演技と自分の演技を比べ、内面の差異を意識しなが

1章　「じぶん」を見つめる

自己に問いかける	・いきすぎた主人公の気持ちを深め、自分をふりかえろうとしている主人公に共感する。	・もうそろそろ、まずいかな。やめておこうかな。 4．車にひかれ、つるを切られたかぼちゃさんは、何て言いますか。 ・しまったな。注意をされたときに、聞けばよかった。罰があたった。 ・他の人が困らないように伸びればよかった。	ら自己をより深く見つめられるようにする。 ・いきすぎた主人公の心情に浸らせるために、「しまった」と自己をふりかえる思いに焦点を当てた役割演技となるようにしたい。
	・主人公の気持ちを深めながら、自己の憧れを表現する。	5．後日、注意をしてくれたみつばちたちに会いました。どんなお話をしますか。 （お話の続き） ・せっかく注意をしてくれたのに、変なことを言ってごめんね。 ・これからは、迷惑をかけないようにするからね。	・「周りの人たちと共によりよく生きる」という、より深い価値観を、どれだけ自己に生かすかを確認するために、お話の続きを創造し、自己の憧れを表現するような役割演技をさせたい。
	・自分の生活について考えようとする。		・資料の世界につなげて自分たちのことに目を向けられるようにする。

【板書】

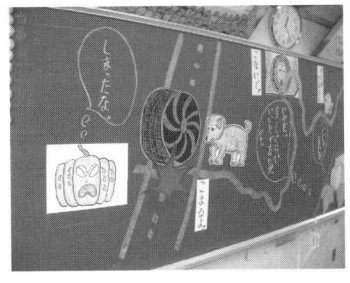 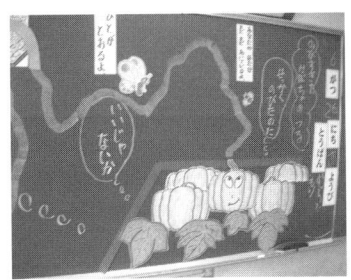

「じぶん」を見つめる子どもと教師のかかわり

1 「自分に気づく過程」での動作化で生まれた子どもの意識の流れ

教室の床を色テープで仕切り，畑とし，その枠の中でじっとしている場面を動作化したときの子どもの発言である。

C1：苦しいよ。えらいよ。
C2：先生，やめてよ。
C3：まだなの。早くしてよ。
C4：体が痛いよ。

この後に，じっとしている姿勢から解放され，つるを伸ばす場面を動作化したときには，次のような発言がみられた。

C1：あ〜，気持ちいい。気分がいいな。うれしいな。
C2：楽しいな。もっと伸びたいな。
C3：よしっ。いっぱい伸びるぞ。

畑の中でじっとしている場面を動作化したからこそ，つるを伸ばす喜びや楽しさを感じとることができ，次の何度も注意を受けても伸びることをやめようとしない，かぼちゃの思いにつながっていった。

したがって，発問3「みつばち，ちょうちょ，すいか，こいぬに注意されたときに，かぼちゃさんは何て言いますか」の問いには，険しい表情で，語調を荒くしながら，「うるさいな」「邪魔をするな」等，ありのままの自己の内面を表出してきた。周りのことを考えないで，自分の楽しみを押し通す。そんな気持ちが自分の内面にもあることに気づく瞬間であったととらえられる。

1章 「じぶん」を見つめる

2 「自他を知る過程」での役割演技から生まれた子どもの内面の差異

多くの忠告を聞き入れず、大部分の子どもたちが「うるさいな」「関係ないだろ」「少しぐらいいいじゃないか」と発言するなかで、K子一人が腕組みをし、首を傾げる演技をしながら、「もうそろそろ、やめないと…」と発言した。

K子の発言を焦点化したことにより、次のような意見交流が見られた。

C1：さっきまで一緒に楽しく伸びていたのに、なんでやめるの。
C2：また、前の狭い所に戻ってしまうよ。楽しくないよ。
K子：だって、前にお母さんに「危ないからやめなさい」と何度も言われたけれど、階段で遊んでいて怪我をしたことがあるよ。だから、もうそろそろ、やめたほうがいいよ。
C1：…ぼくもK子と似たことがあった。やっぱり、畑に帰ろうかな。

学び合う仲間に心が向き、内面の差異を感じとることで、C1の子どもは自己を見つめるきっかけをつかみ、望ましい自己のあり方を探っていった。

3 「自己に問いかける過程」での役割演技から一層深められた価値の自覚

（後日、注意をしてくれた他者に出会う場面で）
C1：（手招きをしながら近寄り）注意してくれたのにひどいこと言ってごめんね。
C2：（握手をしながら）ぼくのいけないところを教えてくれたんだね。気をつけるからね。

創造的な生き方の追求をねらいとした役割演技（お話の続きを創造）では、「あっちに行け」と邪魔な存在であったみつばちたちに対し、手招きをしたり、握手を求める等、距離を縮める演技が見られた。自己に問いかけながら、内面の矛盾を整理し、価値の自覚を深めていった姿であると考える。

（※本実践は、筆者の前任校白川町立黒川小学校でのものである）　　　　（山下永治）

◆ 子どもが「じぶん」を見つめる授業実践＜２＞

やってみようとする心 できる喜び
―― 自分でできることは自分で ――

●低学年〔基本的な生活習慣・自立〕の実践
●中心的な資料「ようし，ぼくだって」

よりよく生活しようとする「じぶん」を見つめる

　基本的な生活習慣を身に付けることは，子どもの人間形成において極めて重要なことである。低学年の子どもにとっては大切な課題である。この時期の子どもは，知識や判断力も十分ではなく，まだまだ依存する気持ちも強い。さらに，大切なことに気づいても実践したり，継続したりする体験も少ない。
　子どもが自分の生活を見つめる力をもち，子ども自身が内面からそうすることが望ましいことだと自覚し，節度ある生活や自制心が培われるようにする。その結果，努力して今よりさらによりよい生活をめざそうとする意欲をもつことができるようにしたいものである。

自己を見る目を豊かにする主な手だて

　本実践では，子どもが，自己を多様な場面で見つめられるように，次のそれぞれの教育活動相互の関連を図るようにする。

1. 道徳の時間の充実
　「文鳥になったマー君」（文部省道徳用アニメビデオ）等を活用
2. 日常の活動で実践（学級経営）
　○係活動　○当番活動　○帰りの会の活動
3. 家庭との連携の中で
　○学年PTAテーマとして　○学級懇談会・学級だより
4. 『心のノート』による意識の持続と高揚

1章 「じぶん」を見つめる

第1学年　道徳学習指導案

1　**主題名**　じぶんのことはじぶんで

　　　　　　　　　　　　　【内容項目　低学年：基本的な生活習慣・自立】

2　**中心資料名**　「ようし　ぼくだって」（自作資料）

3　**ねらい**　他人に頼ることなく，自分でできることは自分でやることの大切さに気づき，自立する態度を育てる。

4　**主題設定の理由**

(1)　子どもの実態から

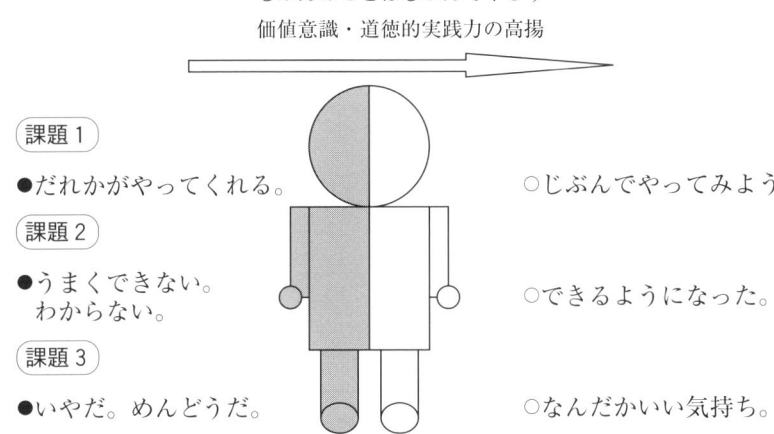

道徳の時間・学級経営・家庭との連携

(2)　指導にあたって

すでに資料「文鳥になったマー君」で自分でやるべきことや日常の中でがんばらなくてはならないことについて学習している。

本時の指導にあたっては，生活場面を意識させることにより，日常生活の中で自分の心の内にある弱さを見つめ，それを乗り越えることの大切さが考えられるようにしたい。また，場面絵等を準備して，資料の人物と自分自身を重ねて考えられるようにしたい。

とくに，展開後段では，同じ場面の体験ではなく，同じような気持ちにな

った体験をふりかえるようにし，自分自身をふりかえりながら，今後への見通しや勇気をもつことができるようにする。

5　学習の効果を上げるために

(1)　学習の土壌（温かいクラス）づくりと子どもの実態

　登校してくる子どもたちを迎え，「おはよう。元気ですか」の一声から始まる一日のスタート。甘えてくる子もいる。さっそく愚痴をこぼす子もいる。あふれるように話し出す子もいる。全員の子どもが明るい表情，はずむ声ならば今日のスタートは順調だ。

　まずは，互いを尊重しあう温かい学級の中ならば，常に前向きな気持ちで努力しようとする意欲が高まるはずである。そのためにも信頼しあう仲間とともに学び合える環境づくりが大切になる。

(2)　子どもの意識の把握

　子どもが，自分で頑張ることのなかで「頑張っている」と答えている内容は，「早寝早起き」「片づけ」「学校のしたく」「帰宅時刻を守ること」が上位を占め，「家の人によく注意されることベスト3」では，「片づけ」に次いで「手あらい・うがい」「早寝早起き」の順であった。そして，保護者が子どもに望むナンバー1は，「使った物の後片づけ」であった。

6　展　開

	学習活動と予想される子どもの意識	指導上の留意点
導入	1．自分がやることなのに家族にやってもらっていることはありますか。 ・使った物の後片づけ ・洗濯物のしまつ　・靴あらい ・勉強の準備　・給食セットの準備 （理由）・面倒だから　・テレビを見たいから	○自分でやったほうがよいと思っていることだけれど，家族にしてもらっていることやそのわけを想起できるようにし，価値への導入を図る。
	2．資料を読んで話し合う。 ○忘れ物をしないともくんと忘れ物をしてしまうあけみちゃんについてどのように思いますか。	○ともくんは甘えていて，あけみさんは苦心しながらも頑張っているという，取り組み方の違いに目が向けられるよう

1章 「じぶん」を見つめる

展開	〈ともくん〉 ・やってもらって，らく。 ・忘れ物をしないでいい。 ・ともくんも自分でやったほうがいい。 〈あけみさん〉 ・自分で頑張っているからえらい。 ・きがえのチャンピオンだから，そのうちにちゃんとできる。 ○2学期になって学校のしたくがうまくいかないともくんは，どんなことを考えているでしょう。 ・忘れ物をしていやだな。 ・また，お母さんにやってもらおうかな。 ・お母さんにずっとやってもらっていたからうまくできないんだ。 ・どうやったらいいんだろう。 ○あけみさんの家からの帰り道，「ようし，ぼくだって」と言いながら走っているともくんは，心の中で何と言っているでしょう。 ・あけみさんは頑張っているし，工夫しているな。 ・ぼくもテレビばかり見ていないでちゃんとやろう。 ・じぶんでちゃんとやると楽しそうだな。 3．今までの生活をふりかえって話し合い，ともくんに手紙を書く。 ○自分でできることをきちんとしたときには，どんな気持ちでしたか。 ・終わったとき，すごくうれしい。	にする。  ○人を頼りにしていたことの心の動きを多様に引き出す。そして，自分でやることの大切さを考えられるようにする。 ○あけみさんの頑張っている姿を見て，だれでもすぐにはできないことや工夫していること等に気づいたともくんの心の変化に着目させる。 ○自分の生活をふりかえり，頑張る自分やできる自分に気づかせたい。また，実践したときの気持ちも出しあうようにし，その価値について確認できるようにしたい。

	・自分でやると気持ちがいい。 ・何でもできる感じがしてくる。 ○自分のことを考えながらともくんに手紙を書く。 ・（例）いつもお母さんにしてもらっていると，いつまでたっても自分のことができなくなるから，自分のことは自分で頑張ったほうがいいよ。 ・（例）わたしは，このごろ靴あらいも自分でしてるよ。ともくんも工夫して頑張って。	○自分でできることは，しっかりやっていこうする意欲を高める。 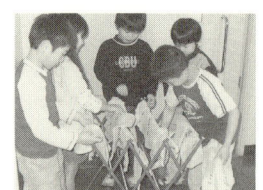
終末	4．教師のまとめの話を聞く。	○子どものころの体験談を話す。

〈評価〉ともくんの気持ちになって思いや考えをもつことができたか。自分でやるべきことは，きちんと実践しようとする気持ちが高まったか。

「じぶん」を見つめる子どもと教師のかかわり

＜導入＞

▶自分自身の内にある弱さに目を向ける

T：家族にやってもらったことにどんなことがあったか。
C：給食セットの箸を入れてもらった。他のことをしていたから。
C：うわばきをお母さんに入れてもらった。面倒だからやってもらった。
C：遊んだ後の片づけをしなかった。テレビが見たかったから。

＜展開の前段＞

▶ともくんとあけみさんに対して感じたことを語り合う

T：ともくんとあけみさんをどう思うか。

＜ともくん＞	＜あけみさん＞
C：ともくんはお母さんにやってもらってずるい。 C：ともくんはテレビを見ていて得をしている。	C：あけみさんは，忘れ物をするけれど，自分でやってえらい。 C：あけみさんは，自分でやっているから大きくなってもしっかりできると

C：ともくんが忘れ物をしないのはお母さんのおかげ。
C：ともくんは「今日は自分でやろう」と思う日があると思う。
C：ともくんはお母さんに頼っているから大きくなってもできない。
思う。
C：あけみさんは自分で頑張ろうとしているから、これからもいろいろなことができる。

▶忘れ物が続くためにゆれるともくんの気持ちを考える
T：自分でやりだしたがうまくいかないともくんについてどう思うか。
C：お母さんに、またやってもらおうかな。
C：また、お母さんにやってもらいたいという甘えの気持ち。
C：あけみさんのようになりたい。
C：かえってきたらすぐやろうかな。

▶実践に対する具体的な意欲の高まりを主人公に託して語る
T：「ようし、ぼくだって」と言っているともくんの気持ちはどうだろう。
C：今日から頑張るぞ。
C：頑張るけど、できるかな。
T：みんなは、このときどう思いますか。
C：最初はうまくできないと思うけれど、続ければできるようになる。
C：やる気がいっぱいあればできると思う。
C：テレビとか見たくなっても、がまんすればいい。

＜展開の後段＞
▶自分の体験をふりかえる
T：勉強や仕事を自分できちんとやったときはどうだったかな。
C：ほめてもらうと続けてやりたいと思う。
C：お皿を洗うと、きれいになって気持ちがいい。皿が「ありがとう」って言っているような気がする。
C：土・日曜日に玄関掃除をするのだけど、すっきりしてまたやりたくなる。
C：お風呂洗いをすると気持ちがいい。また、やろうと思う。
T：自分のことを書いて、ともくんに励ましの手紙を書きましょう。
　○ともくん、自分でやる気になったんだからね。テレビとかがまんして頑張ってね。ぼくもふとんしきを頑張るからね。
　○最初は忘れ物をするかもしれないけど、続ければできるようになるよ。

――授業をふりかえって――
- 導入での話し合いは，子どもにも主人公と同様な一面があるという確認にもなった。
- 展開の前段では，「はじめのうちはうまくいかないけれど，頑張ることが大切」ということに気づいたことが意義があると感じられた。
- 展開の後段では，自分の体験を想起できるようにした。実践をした後は，だれもがさわやかさを実感していることを感じることができた。
- 本時の流れでは，「ともくんがこの気持ちを続けるためにはどうしたらよいか教えてあげよう」という投げかけも考えられたように思われる。

道徳の時間と関連を図る活動の実際

1 日常の活動や実践のなかで

学級における係活動や当番活動（日直・給食当番・生き物の世話・清掃活動等）を大切に扱う。分担や仕事内容を明確にし，責任をもって活動できるようにする。また，その活動を楽しくできるようにする。

もう一つは，帰りの会で身のまわりの整とんをする機会をつくる。グループごとに分担し，教室内の整理整とんをする。また，定期的に子ども個々の持ち物やロッカーの整とん時間も設定し，持ち物の整理整とんの体験を重ね，そのよさを実感できるようにする。

2 家庭との連携で

保護者会では，学年PTAのテーマ「つかったものはじぶんでかたづけよう」を中心に，子どもが自ら取り組むべき活動について，家庭における取り組み状況や指導の実態等を情報交換しあう。また，学級通信等でも，しばしばこれらの内容を扱い，連携による効果が高まるようにする。

3 『心のノート』で意識の持続と高揚を

『心のノート』の中の「まい日を気もちよく」「しっかりやろう」のページ等を活用し，一人一人の子どもが自分自身と向き合ったり，『心のノート』を通して語り合ったりし，常に意識の持続と高揚を図るようにする。また，ときには，家庭に持ち帰って親子で読んだり，保護者会でも活用したりする。

（長谷川節子）

資料 「ようし，ぼくだって」

　小学校の入学式の日，校長先生が，「今日から，自分のことは自分でやりましょう」と話されました。ともくんも，元気よく「はーい」と返事をしました。でも，ともくんは，ほんとうはお母さんにほとんどやってもらっているのです。
　学校のしたくだって，ともくんは，学校からもどると，「帰ってからしたくするからね」と言って，さっと遊びに出かけてしまいます。そして，夕方は好きなテレビアニメに夢中です。夜は，もう，ねむたくてねむたくて学校のしたくどころではありません。
　朝ねぼうのともくんは，朝のきがえもお母さんに手つだってもらっています。
　ともくんのとなりの席のあけみさんは，体いくのときなど，きがえるのがとてもはやいし，ぬいだ洋服のたたみかたもとてもじょうずです。だから，みんなが「あけみさんは，きがえのチャンピオンだ」と言います。
　しかし，そんなあけみさんも忘れ物はよくします。ともくんは，「どうしてかなあ」と思って，聞いてみました。「きがえは幼稚園の時からずっと自分でやっているけど，学校のしたくはなれていないからね。しっぱいしちゃうんだ」と，あゆみさんはざんねんそうに言いました。
　でも，あけみさんも，7月になったらもう忘れ物はしません。ある日，先生に「忘れ物ゼロのチャンピオンね」と言われて，にこにこしていました。
　2学期が始まる日，お母さんから，こう言われました。
　「もう，こんどこそ，学校のしたくもきがえも自分でするのよ」
　でも，やっぱりテレビに夢中で，したくをするのは，いつもねむるころ。だから，ともくんは，毎日忘れ物ばかりです。きのうは，国語の本，きょうは，図工で使う折り紙……。とうとう忘れ物のチャンピオンになってしまいました。やっぱりぼくには，むりかなー。
　そんなある日，ともくんは，友だちとあけみさんの家におじゃまして遊びました。遊び終わると，あけみさんは，おもちゃを片づけ，学校のしたくをはじめました。予定表を見ながらランドセルに入れたものは，カラーペンでしるしをつけ，えんぴつもちゃんとけずりました。そして，あしたきていく洋服までそろえました。
　ともくんは，その様子をじっと見ていました。あけみさんのにこにこした顔はとてもさわやかでした。
　帰り道，オレンジ色のゆうやけを見ながら，ともくんは「ようし，ぼくだってー」とつぶやくと，走って帰りました。

◆ 子どもが「じぶん」を見つめる授業実践＜3＞

これが今のわたし
── もっとよくなる自分づくり ──

●中学年〔思慮・節度〕の実践
●中心的な資料「きじばとのポッポ」

これまで，今，そしてこれからの「じぶん」を見つめる

　誰もが「よりよく生きたい」と願っている。そして，少しでも伸びようと日々頑張っているのだが，よく生きることは容易なことではない。そこで，道徳的な価値を窓口として，これまで（過去）の自分，今（現在）の自分，そしてこれから（未来）の自分と対話することが必要となる。つまり，内なる自分と外なる自分との対話を深めることによって，「よりよく生きる」ためにはどうしたらよいか真剣に考えることになる。そして，自分のよさや可能性を実感し，夢や希望をもって前向きに生きる意欲を高めることにもなると考える。

自己を見る目を豊かにする主な手だて

1　登場人物の心情を汲みとる工夫……資料の登場人物に思いを寄せ，体験と重ね合わせて考えられるように，切り返しの発問や揺さぶりの発問を工夫する。

2　感じ方や考え方を表現する工夫……自分の感じ方や考え方を，自分にも他者にもわかりやすいように，ハート型の心情図を用いて表現する。

3　自分の思いを深める工夫……終末に本時をふりかえって，自分の思いや考えをまとめ，自分自身との対話が深まるように書く活動を取り入れる。

第3学年　道徳学習指導案

1　主題名　もっとよくなる自分

【内容項目　中学年：思慮・節度】

2　中心資料名　「きじばとのポッポ」（『新版 心つないで 3年』教育出版）

3　ねらい　自分の言動をふりかえって過ちは素直に認め、よく考えて行動しようとする態度を養う。

4　主題設定の理由

(1)　中学年の子どもたちは、とても活動的になる。それにつれて、自分の気持ちだけでなく、相手の立場や思いを推し量ることもできるようになる。トラブルがあったときにも相手の非だけでなく、自分の言動をふりかえって自分を反省することもできるようになる。過ちを犯したり失敗をしたりすることは、人間誰にでもあるが、その過ちを素直な心で認め、次の場面で生かせるよう、よく考えて行動することが大切である。

(2)　本資料は、吹雪の中を餌を探しに行く母親鳥と巣で母親の帰りを待つ子鳥（ポッポ）の姿を描いている。ポッポのわがままな言葉で、熱があるにもかかわらず、母親鳥は餌を探しに行く。ポッポは、巣で母親を待ちながら、寒さに震え、母親がもっと寒いであろうことに初めて気づく。遂に、母親鳥は谷川で倒れているところを鷲のおじさんに助けられるストーリーである。ポッポの自分本位の言動は中学年の子どもたちにとっても身につまされることであろう。その心情の変化を話し合うことによって、自分自身の日常の言動をふりかえるよい機会にできるのではないかと考える。

5　自分自身との対話を促す

◇「『じぶん』を見つめること＝自分自身との対話が成立すること」と考える。すなわち、資料の中の登場人物の心情に自分自身の感じ方や考え方を投影することによって、「今の自分」を基点として「これまでの自分」をしっかりと見つめ、「これからの自分」を具体的にイメージするのである。そして、何度も見つめ直し、問い直しながら、「よりよく生きる」心を温めることができると考える。そのために、次の2つの視点で考えたい。

①多様な表現活動を通して自分の感じ方や考え方を見つめること。
②全体での話し合いを通して自分の感じ方や考え方を類別すること。

さらに，自分自身との対話を促すには，子どもの心の奥にある体験に根ざした道徳性やその子どもなりのよさに光を当てる必要がある。そのポイントは，次の4つである。

- ア：子どもの感情が込められた表現をとらえ，表面化させる。
- イ：その子どもらしい個性的な表現をとらえ，体験に根ざした価値観が表出できるようにする。
- ウ：子どもの課題意識の高まりをとらえ，実践意欲へと高める。
- エ：多様な感動を表現できるようにし，その子どもらしさを伸ばす。

この2つの視点と4つのポイントを意識して道徳授業を進めることによって，自分自身との対話が促されるとともに，これまでの自分を見つめ直し，自己実現への努力を積み重ねる意欲を高めることができると考える。

6　本時の展開

学　習　活　動	教師の手だてと評価（○：評価）
1．資料を読んで話し合う。 (1) 留守番をしているとき，どんな気持ちでいただろう。 　・お母さんは食べ物を持って来てくれるかな。早く戻ってきてほしいなあ。 (2)「寒いよう」とお母さんを待っているとき，どんな気持ちだっただろう。 　・もう少しがまんすればよかった。 　・お母さんのことが心配だ。 (3) 心の中で何と叫んだのでしょう。 　A：お母さんごめんなさい。 　・寒かったでしょう。熱があるのに無理させてしまって，身体は大丈夫かな。 　・お母さんが生きていてくれてよかった。わがまま言ってごめんなさい。	・子どもの心の構えをつくり，資料の範読から導入する。資料の場面がイメージしやすいように効果音を流す。 ・子どもの感想や問題意識を生かしながら，話し合いを進めるようにする。 ・ポッポの思いだけでなく，お母さんの気持ちにも目を向けられるように切り返す。 ・ポッポの心の声を，A：謝罪，B：感謝，C：反省に整理しながら，多様な考えを出しあうことによって，自分自身を見つめられるようにする。 ・役割演技を取り入れたり，ポッポの心の声をハート型の図で表現してみたりしながら，ポッポの思いの深さに共感させ，

B：お母さんありがとう。 ・寒い中，ぼくのためにありがとう。 ・こんなになるまでぼくのことを考えてくれたんだね。 C：これからはわがまま言わないよ。 ・わがままを言わなければよかった。 ・お母さんの気持ちを考えて，がまんするよ。	心情を十分に感じとらせたい。 ○自分ならどんな気持ちになるか，自分の体験を想起して考えられたか。（態度） ・ポッポは悪い心の持ち主ではなく，お母さんの身体の変化に気づき，反省する心も持ち合わせていることを押さえる。 ・ポッポと同じ気持ちは，自分たちも持ち合わせていることをふまえ，自分自身の生活経験や友達とのかかわりについて，ふりかえって考えられるようにする。
2．ポッポのような「よく考えて反省する心」について話し合う。 ・ポッポと同じような経験がいくつもある。友達を困らせたことがあった。人の気持ちを考えることが大切だと思った。 ・ぼくも後から「～しなければよかった」と思うことが多い。今は気をつけている。 ・お母さんに注意されたのに，守らなくてケガをした。今は反省している。	○自分や友達の心にある「よく考えて反省する心」を実感できたか。（発表，態度） ・今までの体験を具体的に想起させ， 　ア：しなければよかった 　イ：これからは～しないようにと思う 　ウ：今も気をつけている など，今の自分の感じ方や考え方を加えて話すことができるようにする。
3　教師の説話を聞き，感想をまとめる。 ・「失敗は成功のもと」という諺を取り上げ，誰にでも失敗はあるが，それをどのように次に生かすか考えて行動することが大切であることを実例をもとに話す。	・教師自身の失敗談を話し，それが貴重な体験となっていることを紹介する。 ○よく考えて行動することが，その時だけでなく，その後の生活にも生きることを実感できたか。（ワークシート，事後指導）

7　本時の評価について

・自分自身との対話を深めることによって，自分の言動をふりかえり，よく考えて行動しようとする態度を養うことができたか。

「じぶん」を見つめる子どもと教師のかかわり

1 授業の実際

学習活動	教師の働きかけと子どもの発言や心の動きの実際（T：教師　C：子ども）	気づいたことやポイントなど
1．資料を読んで話し合う。	T：心に残ったことは何かな？ C：お母さんが餌を取りにいった場面。 C：最後の場面で，青白いお母さんの顔を見てポッポが心の中で叫んだところ。	・子どもたちに資料の感想を尋ね，問題意識を生かしながら授業を進めた。
(1) 巣でお母さんを待っているときのポッポの気持ち	C：えさを待っている気持ちより，お母さんを待っている気持ちのほうが強いと思う。 C：お腹がすいているので，餌を持ってきてくれるのを待っている気持ち。 C：熱はあったけど，お母さんは元気かなと思っている。 C：お母さんまだかなと思っている。自分を産んでくれたお母さんだから，心配だ。 《ハート型は「よい心」が100％》	・ハート型の心情図を活用し，ポッポの気持ちを詳しく説明することができるようにした。 ・感情のこもった表現（左欄下線＿＿）やその子どもらしい表現（左欄下線～～～）をとらえて，切り返しの発問を繰り返した。
(2) 「うそつき」と叫んだときのポッポの気持ち	T：吹雪が続いてポッポもがまんしていたね。でも，餌がなかったとき「うそつき」と言ったね。どうしてだろうね。 C：前の日からがまんしていたから，がっかりしたと思う。	・自分中心の言動は中学年の子どもには経験のあることで，自分の体験をふまえて発表していた。 ・ポッポの気持ちを

(3) 青白いお母さんの顔を見て、ポッポが心の中で叫んだ言葉	C：絶対持ってきてくれると信じて、巣で待っていたから、がまんできなくなった。 《ハート型は「よくない心」が多くなった》 T：その後、鷲のおじさんに助けられたね。そのときポッポは、心の中で何と叫んだのだろう？ C：「うそつき」と言わなければよかった。餌を探すのは次の日でもよかったのに。 C：お母さんも身体を休められた。そうすれば、元気になっていたかもしれない。だから、お母さんごめんなさいの気持ち。 C：お腹がすいていても、「うそつき」と言うのはわがままだったと思う。 C：お母さんのことを少しも考えないで、自分のことばかり考えていた。「これから、わがままは言いません」と、反省している。 C：鷲のおじさんに見つけてもらえなかったら、お母さんが死んでいたかもしれない。おじさんにも、ありがとうと思っている。 C：餌は取ってくることはできなかったけれど、僕のために探しに行ってくれたのだから、「ありがとう」	自分なりの言葉で表現したり、体験をふまえて話したりするように助言した。 ・切り返しの発問を加え、その子どもなりの思いが浮き彫りになるようにしたため、多様な感じ方や考え方が出てきた。それぞれについて、自分の思いと重ねられるよう挙手で位置付けた。 ・ハート型の心情図を変化させることによって、ポッポの気持ちを深く考えることができた。同時に、自分自身の価値観との対話にもなった。

		と思っている。《ハート型は「よい心」が復活した》	
2．自分の体験を想起する。	T：みんなはポッポのように経験したり反省したりしていることは？ C：ポッポのようにお母さんを悲しませるようなことを言ったことがある。<u>今は，わがままを言わないように，気をつけている。</u> C：漢字テストのとき，もう少し勉強しておけばよかったなと思った。<u>練習する時間があったのに，しなかったから，よけいに後悔した。</u>ポッポとよく似ている。 C：テストの見直しをしないで間違ったこともある。<u>きちんと見直しをすることが大切だと思った。</u>	・友達の体験を聞いたり，自分の体験を話したりしながら，自分の過ちを素直に認められることが，今後の自分を伸ばすことにつながることを感じ，課題意識も高まったようだ。	
3．教師の説話でまとめる。	T：今日みんなで考えた，「自分がしたことを反省すること」も，以前勉強した『たからもの』にできるね。授業の感想をプリントに書きましょう。	・事後につなげる指導として『心のノート』も紹介した。	

【子どもの感想から(抜粋)】
・自分のことばかりでなく，相手の気持ちも考えようと思いました。ポッポのためを思って餌を取りに行くお母さんがやさしいことが心に残りました。
・私もお母さんに文句を<u>言った</u>ことがあったことを思い出しました。今日の勉強で，言われているお母さんの気持ちがわかりました。

2 考察

(1) 充実した話し合いと書く活動を通して自分自身との対話が深まる

　子どもたちは，登場人物の心情の変化を話し合うことによって，ねらいとする価値を自分とのかかわりでとらえ，その大切さを実感することができた。自分自身との対話を深めるためには，一人一人の子どもの感じ方や考え方を的確にとらえながら，切り返しの発問や揺さぶりの発問を工夫したり，心情図の有効活用や充実した話し合いの場を設定したりすることが大切である。そうすることによって「今の自分」を基点として，「これまでの自分」や「これからの自分」と真剣に向き合うことができ，「よりよく生きる」心を温めることに結びつくと考える。

　さらに，書く活動を加えることによって，本時の学習を自分なりの言葉で整理することができ，ねらいとする道徳的価値を自分らしく発展させていこうとする意欲を高めることにもつながったと考える。

(2) 自分自身との対話には，受容的な学級風土が基盤となる

　心に響く道徳授業とするためには，よい資料との出会いによって心が動くことが必要である。そして，活発な話し合いのもと，多様な感じ方や考え方がかかわり合うことによって，さらに心が揺さぶられることも求められる。それに加え，自分自身との対話の深まりを味わうような「間＝沈黙」も大事であると考える。自分自身との対話には，日常の学級運営の中で，自分の思いをのびのびと表現したり，互いの思いや考えをじっくりと聞き合ったりできるような受容的な学級風土を醸成することが基盤となる。

参考…板書記録

（※本実践は，筆者の前任校黒部市立田家小学校でのものである）

（齊藤　誠）

◆ 子どもが「じぶん」を見つめる授業実践＜4＞

明るくのびのびとした心こそ自分の元気のもと

● 中学年〔正直誠実・明朗〕の実践
● 中心的な資料「まどガラスと魚」

明るくのびのびとした「じぶん」を見つめる

人は誰でも，自分の心に正直でありたいと思い，その良心に偽らないで明るくのびのび生活したいと願っている。子どもが明るく健康的な自己像を描くには，自分自身に対する誠実さや，明るくのびのびとした生活を心がける姿勢が大切である。そのためには，うそや偽りが自分の心を暗くし，正直に行動することが明るい心を生むということを内面から自覚することが必要である。人に認められようと認められまいと自分自身の良心に従い誠実に生きることは，周りの人への共感をよび，より深い信頼関係を築いていくことにもつながる。

自己を見る目を豊かにする主な手だて

1. 『心のノート』の活用

　　導入で『心のノート』を活用し，一人一人がねらいとする価値への方向づけを明確にできるようにする。

2. 小集団での話し合い

　　一人一人が，自分の心の弱さと道徳的価値をめざす気持ちとの心のつなひき（迷いや葛藤）を，話し合いを通して深く考えられるようにする。

3. 役割演技の活用

　　自分の思いを表現活動の中で表出し，意欲的に学習に参加し，より深い理解を図ることができるようにする。

第3学年　道徳学習指導案

1　主題名　明るくのびのびとした心

【内容項目　中学年：正直誠実・明朗】

2　中心資料名　「まどガラスと魚」(『3年生のどうとく』文溪堂)

3　ねらい　正直に，明るい心で生活しようとする態度を育てる。

4　主題設定の理由

(1)　ねらいとする道徳的価値について

　中学年の内容項目に「正直に，明るい心で元気よく生活する」がある。人は誰でも自分の心に正直でありたいと願っている。正直に生きるとは，心にやましさがなく，自分に対して偽りのないことである。そのためには，子どもが，自分自身に正直であることのよさを自覚し，明るくのびのびと生活することが必要である。さらに，人と人とのかかわりの中でよりよく生きていくには，その根底に相互信頼がなければならない。信頼関係をより強くしていくものは，その人らしい正直誠実，明朗な生き方である。

(2)　子どもの実態について

　本学級の子どもは，元気で活発であり，友達関係も広がってきている。また，客観的にものごとが判断できるようになり，正直に行動することの大切さもわかってきている。だが，集団生活の中では，悪いと知りつつもごまかしてしまおうとする傾向も見受けられる。また，友達とトラブルを起こしたときなどには，自分の感情や利害を最優先に考える傾向が見受けられる。そこで，明るくのびのびと生活するためには，自分の心の弱さに打ちかち，正直で明るい行動をとることが大切であることをつかませたい。

(3)　資料について

　本資料は，千一郎が友達の文助と遊んでいてガラスを割ってしまい，謝らずに逃げてしまう。翌日，千一郎は，窓ガラスの張り紙を見る。次の日の夜，夕飯のおかずをとったねこの飼い主のお姉さんが，一軒一軒謝ろうと回ってきた。その姿にふれることで，千一郎は自分がガラスを割ったことを正直におじさんに謝りに行き許してもらう，という内容である。

謝らなければいけないとわかっていても，素直に行動できない千一郎の心の内を推し量ることによって，人間のもっている弱さに十分共感させたい。その千一郎の心のつなひき（迷いや葛藤）を想像させるなかで，子どもの多様な感じ方・考え方を引き出したい。そして，お姉さんの誠実な態度にふれ，謝ろうと決心した千一郎の姿から，明るく正直にすることの大切さを考えられるようにしたい。

5 「じぶん」をより深く見つめるために

ねらいとする価値にかかわって，子どもは心の中で次の図のような心のつなひきをするだろう。そこで，友達との対話を通して，心の弱さを乗り越え自分を高めていくことが，明るくのびのびした「じぶん」を実現していくことを深く感じとらせたい。

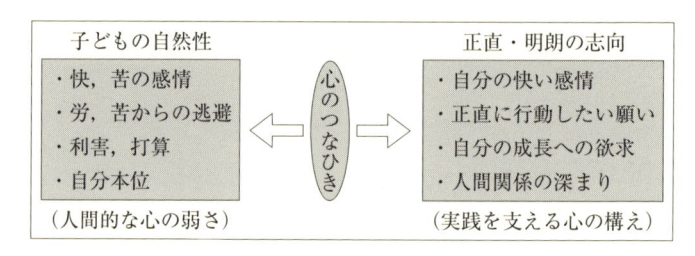

子どもの自然性	心のつなひき	正直・明朗の志向
・快，苦の感情 ・労，苦からの逃避 ・利害，打算 ・自分本位	⇔	・自分の快い感情 ・正直に行動したい願い ・自分の成長への欲求 ・人間関係の深まり
（人間的な心の弱さ）		（実践を支える心の構え）

6 本時の流れ

<table>
<tr><th colspan="2">学習活動・主な発問</th><th>予想される子どもの意識</th><th>指導上の留意点</th></tr>
<tr><td rowspan="2">気づく</td><td>1．『心のノート』を読み，話し合う。</td><td></td><td>・『心のノート』29ページを読んで書き込む機会をつくり，ねらいとする価値への方向づけをする。</td></tr>
<tr><td>2．資料「まどガラスと魚」の範読を聞き，話し合う。
(1) 千一郎が文助の後を逃げ出したのは，どんな気持ちからでしょう。</td><td>・おこられたくない。
・文助が叫んだから，つられて逃げた。
・友達も逃げたから…。</td><td>・登場人物，条件，状況を押さえ，聞く観点を指示しておく。
・「ガチャン」という音から，怒られると思い，あわてて逃げ出した千一郎の気持ちに共感させる。</td></tr>
</table>

1章 「じぶん」を見つめる

深める	(2) 割れたガラスに張ってある張り紙を見ながら，千一郎はどんなことを思っているでしょう。（中心発問）	・こわい。 あやまれない 　・おこられる 　・今から言いづらい 　・僕だけじゃない 　・どうしようかな 　・いけないことだ あやまろう	・気になり何度も前を通るが，正直に言えないでいる千一郎の心の中を深く考えられるようにする。 ・「あやまろう」「あやまれない」で葛藤する心の中を推測させ，子どもの多様な価値観の一端を引き出す。 ・「考えをメモする→小集団で話し合う→全体で話し合う」という流れを生かす。
	(3) 山田さんのお姉さんのことばを聞いた千一郎は，どんなことを考えているでしょう。	・お姉さんはえらい。 ・ぼくもあやまらなければ。 ・すぐにあやまればよかった。	・お姉さんの正直にあやまる姿から，自分をふりかえり，後悔する千一郎の気持ちをつかませる。
	(4) おじいさんの言葉を聞いて，ボールを返してもらった千一郎はどんな気持ちだったでしょう。	・正直にあやまってよかった。 ・これからも正直にしよう。	・教師がおじさん，子どもが千一郎になって，役割演技をすることによって，正直にあやまったときのすがすがしい気持ちへの共感を深められるようにする。
見つめる	3．自分のあり方を見つめる。 ・正直にできた経験，できなかった経験はありますか。		・自分のこれまでのあり方をふりかえることで，価値の内面的な自覚を深められるようにする。 ・経験を想起できない子どもには具体的場面，想起できる子どもにはそのときの気持ち

まとめる	4．教師の説話を聞く（迷いながらも正直に言えてよかった経験を話す）。		・教師の説話により，余韻のあるまとめをする（格言「正直は一生の宝」を提示し，まとめとすることもできる）。
			・まで聞く。

7　本時の評価について

（児童サイド）○登場人物の考えや気持ちに共感し，「正直誠実・明朗」について自分の考えをもち，多様な考え方に気づいたか。

（教師サイド）○子どもの発言やつぶやきから発問や補助発問を工夫し，子どもの思考を深めることができたか。

　　　　　　○一斉・小集団指導のよさを生かし，ねらいを達成できたか。

「じぶん」を見つめる子どもと教師のかかわり

1　導入で『心のノート』を生かす

『心のノート』29ページに書き込み，全体で話題にする。「みんなで〈心のつなひき〉を考えてみよう。正直に言いたい心と言えない心とのつなひきです」「それぞれの心が勝つとどんな気持ちになるだろう」と問いかけ，記入枠に書き込ませる。「今日のお話には，そんな〈心のつなひき〉に悩む主人公千一郎が出てきます」と投げかけて，中心的な資料での話し合いに入っていく。

2　小集団での話し合いで自分の考えを深める

○中心発問（2）において，次のように小集団での話し合いを行う。

T：割れたガラスに張ってある張り紙を見ながら，千一郎はどんなことを思っているでしょうか。

C：どうしよう。おこっているだろうな。

C：あやまろうか。でも，おこられるのはいやだな。

1章 「じぶん」を見つめる

T：このときの千一郎の心の中は、あやまる、あやまらないのどちらが強かったでしょうか。スケール表に○をつけ、そのわけを書いてください。

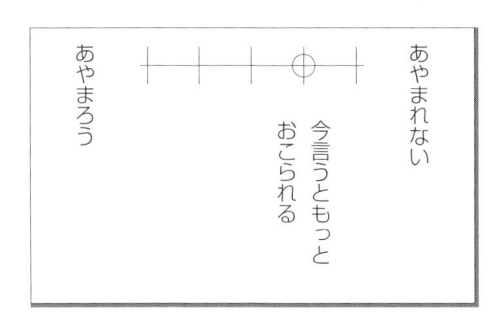

（千一郎の心の中を想像し、スケール表に○をつけ、立場を明確にする。そして、なぜそう思ったか、その原因を考え、簡単にメモする）

（メモをもとに、考えをつけ足しながら発言する）

T：メモをもとに、グループで話し合いましょう。
　（小集団〔4～5人〕になり、一人一人が自分の考えを出し合う）
T：それでは、話し合いで出された考えを発表してください。
C：私たちの班では、「おこられるからあやまれない」と、「いけないことだからやっぱり正直にあやまろう」という、2つの意見が出ました。
C：ぼくたちの班では、迷うという意見が多かったです。その理由は、……。
C：……。
　（各グループごとに発表された意見を、教師が類型化し、板書する）
T：出された考えは、このようなものでした。もう一度この考えを聞いたとき、自分にとってどの考えがよく理解できますか。

　　　　あやまれない
　　　　　・おこられるから
　　　　　・ぼくだけじゃない、友達も
　　　　　・今からだとおこられるから言いづらい
　　　　　・いけないこと、言おうかどうしよう
　　　　　・いけないこと、正直に言おう
　　　　あやまろう

（子どものもつ自然性と正直誠実・明朗という価値の間の心のつなひきと

いう観点で発言を類型化して示す。そして，全体での話し合いを通して自分の考えをもう一度ふりかえり，見つめることができるようにする）

> **小集団の話し合いでの配慮事項**
> ・話し合いのルールをあらかじめ設けておき，司会者を置くようにする。
> ・全員がメモをもとに意見を発表できるようにする。
> ・発表された意見に対しては，互いに認めあう。
> ・班で意見を統一する必要はない。

3　役割演技を通して「じぶん」を見つめる

　表現活動（役割演技）を取り入れることで，一人一人の子どもが意欲的に学習に参加し，深い理解を図っていく。

T：おじさんの言葉を聞いて，ボールを返してもらった千一郎はどんな気持ちだったでしょうか。その場の2人になって，どんなことを話したかやってみましょう（教師がおじさん，子どもが千一郎になって，役割演技をする）。

千一郎	おじさん
・おじさん，ごめんなさい。ガラスを割ったのはぼくです。	・そうかい，よく言いにきてくれたね。待っていたよ。
・すぐに言わずにごめんなさい。	・正直に言ってくれてうれしいよ。ちゃんとあやまりにきてくれたから，ゆるしてあげるよ。はい，ボールですよ。
・ありがとうございます。これからは，すぐに正直に言います。	

T：今と違うようにやれる人いますか。

・ガラスを割ったのは，ぼくです。	・あなたですか。待っていましたよ。
・すぐにあやまらなくて，ごめんなさい。	・ちゃんとあやまったから，いいですよ。
・ガラスを直さないと…。	・お金はいりません。正直な子どもが来るのを待っていましたから。
・すみません。ありがとう。	

1章 「じぶん」を見つめる

役割演技での配慮事項	・おじさん，千一郎の置かれた状況，最初の言葉等，演じる観点を明確に指示する。子ども2人で演じてもよい。 ・見ている子どもに，自分ならどのように演じるか等，見る観点を指示し，全員を演技に参加させる。 ・演技を互いに認めあう支持的雰囲気づくりに努める。

参考

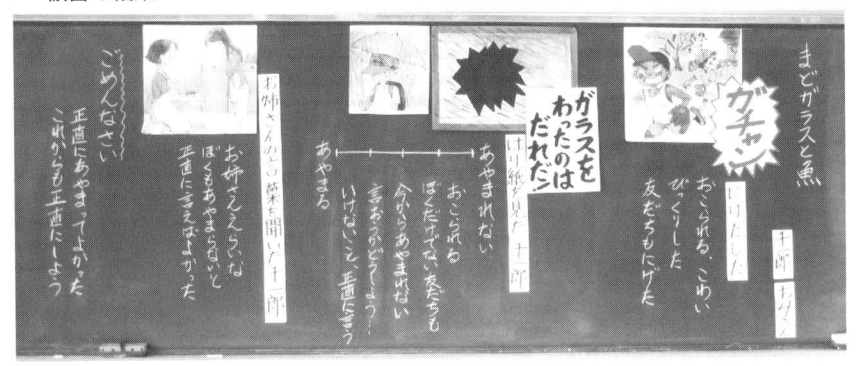

1　板書の結果

2　学習シートの実際

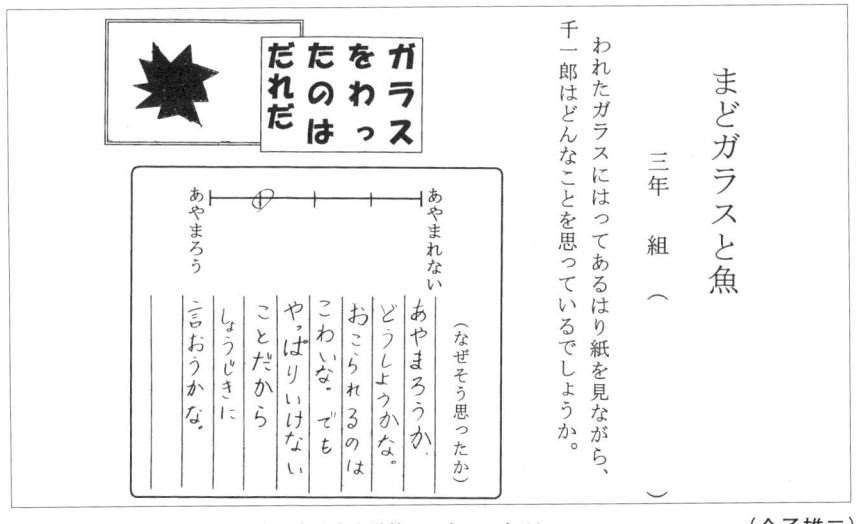

（※本実践は，筆者の前任校越生町立越生小学校でのものである）

（金子雄二）

◆ 子どもが「じぶん」を見つめる授業実践＜5＞

夢や希望こそが自分のたから

● 高学年〔夢・希望，努力〕の実践
● 中心的な資料「ミホの挑戦」

夢や希望をもち続ける「じぶん」を見つめる

　高学年になると，いろいろな夢やあこがれをもつようになる一方で，自分に自信をもてずにあきらめてしまい，夢を描けない子どもも多くいる。
　夢の実現のために努力を続けるキラリと輝く生き方にふれることは，自分の中にある新たな可能性や目標を発見し，未来へ向かって進んでいこう，あきらめずにやり通そうとする心情を育てる。また，夢を実現させようとする願望をもち続けることの大切さとともに，夢をもって取り組むことの楽しさを伝えてくれる。このような学習の中で，子どもたちは，自分をかけがえのない人間としてとらえ，体験を通して主体的に価値を追求しながら，よりよく生きようとする思いを膨らませることができる。

自己を見る目を豊かにする主な手だて

1　主人公と重なる自分を見つめる

　　主人公のようになりたいと感じさせるような資料に出合わせることである。主人公と自分を重ね合わせ，同じところを見つけることが，夢をもって取り組もうとする思いを膨らませることになる。

2　楽しさに気づかせる

　　人物の生き方に焦点を当てながら，自己を見つめ直していくなかで，自分の心のめあてに気づく楽しさ，そのめあてに向かって行動していくことの楽しさに目を向けさせる。

3 自分の課題を見つける

　自己を見つめ，自分なりの課題をもたせることが大切である。深められた道徳的価値を生活に結びつける手段として，主人公あてに応援の手紙を書く。手紙の中で，自分の課題を相手に伝えるということは，よりよく生きたいという思いを出させることになる。

第5学年　道徳学習指導案

1　主題名　夢やあこがれをもち続ける心

【内容項目　高学年：夢・希望，努力】

2　中心資料名　「ミホの挑戦」(『小三教育技術』2005年1月号 p.76-78 改編)

3　ねらい　夢をもって前向きに取り組むことの楽しさに気づき，少しのことでくじけることなく，希望をもって粘り強くやり通そうとする意欲を高める。

4　主題設定の理由

(1)　ねらいとする価値について

　人間であることの証は，「よりよく生きる」ことである。よりよく生きるためには，自己を見つめ，高い目標が必要となる。自分に与えられた個性を最大限に生かす努力と，夢や希望を達成しようとする強い願望が必要となってくる。そのためには，身近な目標を掲げ一つ一つ根気よく目標を達成していくこと，夢に向かって努力することの楽しさを伝えることが大事である。

　高学年という自分を見つめる大切な時期に，このような価値について学ぶことは，よりよく生きようとする気持ちを膨らませることにつながる。

(2)　子どもの実態

　高学年になると，自分と物事を客観的に見つめ，自他を比べて良い点や悪い点を冷静に判断できるようになる。また，将来を見据え，自分がやりたいことや，すべきことなどを具体的に考えて，目標を立てられるようになる。

　しかし，好奇心も旺盛でいろいろなことに手も出してみるが，難しくなったり，地道な努力を要したりすると，すぐに意欲をなくし避けようとしたり，誰か

に助けてもらおうとしたりして，すぐにあきらめてしまう傾向も見られる。

(3) 資料について

濱田(はまだ)ミホさんは，シドニーパラリンピックのセーリングに出場したり，トライアスロンに挑戦したりしている選手である。交通事故による入院中，つらい闘病生活と片足の切断という事実に挫折しそうになりながらも，立ち直り，少しずつ自分の幅を広げるために新たな目標をもち，困難を乗り越えていく展開になっている。義足で走ってみようと決心したミホが，真夜中のグラウンドで一人だけの練習に取り組む。どうしても出なかった2歩目が，2か月目にして出るというシーンでクライマックスを迎える。

何が，トライアスロンへの挑戦まで決意させたのか，そして，ゴールへと導いたのか，子どもたちと一緒に解き明かしたい。

5 「じぶん」をより深く見つめるために

(1) 事前指導の工夫について

事前活動において，『心のノート』「夢に届くまでのステップがある」（5・6年用p.16-17）の活用を進める。自分に自信がもてず，よさを見い出せずにいる子どもは，夢をもてないことが多い。常日頃から自尊感情を高め，長所やよさに目がいくようにすることが大切である。朝の会や帰りの会などで，常日頃から一人一人のよさを認め，声に出して励ましてあげることが大切である。

欠点や短所の裏側には，右のように長所やよさが隠れている。みんなで欠点を長所に変えてみる活動も効果がある。

忘れ物が多い⇒嫌なこともすぐに忘れられる（ストレスがたまらない）面倒くさがり⇒発明は便利にしたいという思いから生まれる（頭で考えよう）

(2) 事後指導の工夫について

インターネットのwebサイト（株）啓愛義肢材料販売所の［http://www.po.kioa.co.jp/］の「オールシーズンボランティア」をクリックすると濱田さんの活動が掲載されている。それを調べるのも効果的である。また，『心のノート』「目標に向かう道にはいろいろなことがある」（5・6年用p.18-19）を活用して，いろいろな人物について調べるのも一つの方法である。

1章 「じぶん」を見つめる

6 本時の展開

	学習活動	指導上の留意点
導入	1．夢に向かって努力する人を発表する。 ・松井秀喜，イチロー，友達の○○くん	○理由を付けて発表させ，価値への方向づけを図る。
展開	2．資料「ミホの挑戦」を読んで話し合う。 ①感想などを発表しあう。 　好き…ゴール，落書き，夜の練習，2歩目 　同じ…イライラ，あきらめ ②なぜ母親にイライラをぶつけたのか。 ・なぜ自分ばっかりこういう目に遭うのか。 ・死んでしまいたい。 ③足への落書きは何を表しているのか。 ・周りの人のことを考え始めた。 ・気持ちが大きく変わり，前向きになった。 ④ミホは，どんな気持ちで練習したか。 ・絶対に走れるようになる。 ・あきらめてしまいたい気持ち。 ⑤どうして頑張り続けられるのか。 ・練習するのが楽しい。 ・好きだから楽しくなる。 ⑥ゴール間近に，ミホは何を思ったか。 ・苦しかった日々を思い出した。 ・夢に向かって努力してきてよかった。	○実際の濱田選手の写真を提示し，感じたことを交えられるようにする。また，好きなところ，似た気持ち，よくわかるところを発表させる。 ○交通事故の衝撃や苦しい闘病生活・足を切断することのつらさなどを想像させる。 ○ミホの心境の変化とともに，新たな挑戦の始まりをとらえることができるようにする。 ○夢や希望をかなえようとする強い願望にふれさせる。 ○夢をもって前向きに取り組むことの楽しさにも焦点を当てたい。 ○前向きな姿勢に共感させながら，ゴールするときのミホの気持ちを想像させる。
	3．濱田ミホさんに自分の取り組みを紹介しながら手紙を書く。	○励ましの手紙を通して，一人一人が自分の夢を明確にすることができるようにする。
終末	4．教師の説話を聞く。	○教師の体験談を紹介する。

「じぶん」を見つめる子どもと教師のかかわり

1　導入〜深まりのある話し合いへ〜

　興味を促しながらも，問題意識をもたせることを第一にして取り組んだ。全員を授業に参加させるという意味から「いろんな意味で好きな人はいますか」という発問から始めて，「憧れる人はいますか」と焦点化させていった。

　本時のねらいとする内容に近い返答のあとに「どうして？　なぜ？」と理由を考え，「目標に向かって努力している人」について話し合った。
C：イチローは，自分の夢をかなえるためにアメリカに渡り新記録を達成した。
C：松井も，失敗を恐れず自分の夢をかなえるために頑張って努力をしている。

　この他に，水泳や体操を頑張っている友達の話が出てきた。理由を発表させて価値への方向づけをさせるとともに，「なぜ努力できたのか。なぜ夢に向かって頑張れたのか」と問いかけて，一人一人が問題意識をもてるようにした。

2　写真を提示して〜想像を広げる〜

　登場人物を身近に感じ共感してもらうため，資料の前に義足で走っているシーンの写真を提示し，感想や思ったことなどを話し合えるようにした。
C：義足なのに走っているのが不思議に思った。すごいと思った。
C：ずいぶん疲れているようだ。どんなことを考えて走っているのかと思った。

> ①資料を開いて「好きなところ」と「同じような気持ちがあるところ」「よくわかるところ」を考えてほしい（見つけてほしい）。

好きなところ	同じような気持ち・よくわかる
○近づくトライアスロンのゴール	○イライラを母にぶつけるミホ
○ギブスへの落書き「ありがとう」	○あきらめてしまいそうになるミホ
○義足での挑戦	○いろいろなことに挑戦するミホ
○走る決心，そして練習	
○あきらめてグラウンドに転がるミホ	

1章 「じぶん」を見つめる

③ 自分たちの生活と重ね合わせながら

> ②イライラして母に当たるところがみんなにもあるようだけれど，濱田さんの気持ちは想像できますか。

C：自分が悪くもないのに事故に遭い，苦しい入院生活があり，最後には右足の切断を告げられ，どうしようもなかったと思う。
C：仕方ない。私もムシャクシャして自分が悪いと思っても当たることがある。
C：なんで生きているんだろうと思ってしまう。
C：私もそうだけど，わざと憎まれ口を言ってしまうことがある。
C：自分が悪かったことでも注意されると，頭にきてしまう。

> ③好きなところの一つに，「ギプスにありがとうと書くところ」をあげている人が多いけど，どういう理由からですか。

C：ミホの気持ちが大きく変わったから。
C：自分のことしか考えていなかったミホが，周りの人のことを考え始めた。
C：お母さんや周りの人，そして足にも感謝の気持ちをもち始めた。
C：足を切断するなんて考えられないけど，前向きな気持ちになったと思う。
C：感謝の気持ちはもったと思うけど，本当に前向きな気持ちになったのは足を切断してからだと思う。切る前はくよくよしていた。前向きにはなれない。
C：足を切断してからいろいろなことを試したと思う。
C：義足のことを話せないし見せられないのだから，本当の意味で吹っ切れていないと思う。
C：走る決心をしたときも，真夜中の誰もいないグラウンドだった。自分の姿を人に見せられないのだと思う。

④ 夢に向かって進むのは「楽しい」

> ④2歩目の出ないミホは，どんな気持ちで練習をしたと思いますか。

C：みんなと同じようになりたいと思って練習したと思う。
C：絶対に走ることができると思って練習したと思う。
C：途中，何度もあきらめそうになったと思うけど，思いが強かったと思う。

C：グラウンドに転がって星を見たとき，夢をあきらめてはいけないと星がささやいたと思う。弟のこととかを考えて，もう一度頑張ろうと思った。

○2歩目が出たあと，15年間かけてトライアスロンに挑戦していますが，どうしてここまで頑張ることができたと思いますか。

C：いろんなことができるようになったから，自信がついたんだと思います。
C：少しずつできることを増やしていったからだと思う。
C：途中であきらめなかったから，新しい目標ができたと思う。

⑤イチローや松井選手のことが出たけど，なぜ頑張り続けられるのかなあ？　ミホさんとイチロー選手とかは違うのかなあ？　みんなだって，頑張り続けていることあるんじゃない。どうして続けられるのかなあ？

C：イチロー選手とかは，一番好きなやりたい野球をやっているから楽しいんだと思います。
C：野球が好きだから練習するのも楽しくできると思う。
C：一輪車もそうだけど，できないことができるようになるとうれしい。
C：ぼくはサッカーを続けていて，苦しいときもあるけれど，みんなと練習するのが好きだし，楽しい。
C：私は，体操をやっているんだけど，練習が苦しいし，つらいときもあるし，行きたくないときもある。でも，みんなとやっていることが楽しいし，よく考えると，つらいときも悲しいときも役立っていると思う。好きだし，楽しいから，やっている。
C：ミホさんがトライアスロンをやっているのは好きだから。歩けなかったのが走れるようになって，苦しいけど楽しいと思う。続けられるっていうのは，好きだから。好きじゃないと続けられないと思う。
C：ミホさんは，走ること自体が楽しいんだと思う。医者に走れないと言われていたんだから。

⑥ゴール近くなって，ミホは何を思ったのでしょう。

C：義足でもここまでやれるんだと思っている。
C：やった！　夢を達成したと思っている。入院生活，足の切断など，今まで

1章 「じぶん」を見つめる

の苦しかった日々を思い出していると思う。
C：みんなと同じになれたと思っている。うれしかったと思う。
C：夢に向かって努力してきてよかった。すべてに感謝していると思う。
C：歩けなくても，最後まで頑張って続けてきたから。感動している。
C：好きなことを見つけて，ずっと続けてきてよかったと思っている。

5 板書を活用して自分たちのことを考える

○イライラを母にぶつけていたミホさんが，トライアスロンに出場し，義足を見せたままゴールできるようになった。ミホさんは，15年かけてゴールまで来ました。みなさんは，今どの辺にいますか。そしてどこに行きますか。

| イライラ | → | ありがとう | → | 走る決心 | → | グラウンドに転がる | → | トライアスロン（夢） |

板書を指しながら，子どもたちに現在の位置をたずねた。子どもたちの自己評価は厳しいものであったが，夢に向かって進みたいと意欲的だった。

6 手紙を書こう

濱田選手がさらに過酷なトライアスロン（S：3.8km B：190km R：42km）に挑戦しようとしている事実を伝え，「ミホさんへ応援の手紙を書こう」という設定をした。自分の夢を伝えながら手紙を書くことで「よりよく生きようとする」姿勢や「願望をもち続けること」の大切さをより深く追求できるようにする。濱田選手を通して自分の夢を実現したいという思いを膨らませたい。

今回は時間がオーバーし，45分間の中で手紙を書かせることができなかったが，授業終了後に書いた手紙には次のようなものがあった。

（毛内嘉威）

◆ 子どもが「じぶん」を見つめる授業実践＜6＞

自分らしさを大切にしよう

- 高学年〔個性の伸長〕の実践
- 中心的な資料「短所は長所」

よさを伸ばそうとする「じぶん」を見つめる

　個性化の時代と呼ばれる今日，個性の伸長は，人格の形成にとって最も重視されなければならないことである。自分のよさを伸ばし，自分らしさを発揮しながら，調和的に個性を伸長していくことが，学校教育における個性化である。単に子どもを優越感や劣等感に浸らせるのではなく，よりよく生きようとしている存在であることを認め，信頼し，援助していく構えが必要である。

自己を見る目を豊かにする主な手だて

1. 自分の長所，短所を表現する

　　授業の前に，学校や家庭で自分の長所と短所を考え，それを記述させておき，授業の導入で活用する。

2. 葛藤場面での役割演技

　　役割演技により，主人公のとった行動を体験的に考えられるようにする。また，役割を交代し，どちらの立場も考えられるようにする。演技後，感想を発表する機会もつくる。

3. 互いのよさを伝え合う

　　自分のよさだけではなく，互いのよさを認め合う方向へ発展させる。

1章 「じぶん」を見つめる

第6学年　道徳学習指導案

1　主題名　自分らしさを大切にしよう

【内容項目　高学年：個性の伸長】

2　中心資料名　「短所は長所」（『新版 心つないで 6年』教育出版）

3　ねらい　自分の特徴を知り，悪いところは改め，よいところは積極的に伸ばしていこうとする心情を育てる。

4　主題設定の理由

(1)　子どもの実態

多くの子どもが，友達との比較などから自分の特徴について意識しはじめている。しかし，短所ばかりに目がいき，劣等感やあきらめを感じている子どもも見られる。そこで，自分の特徴をより広い視野でとらえ，自分のよさをさらに伸ばしていこうという心情を高めたい。

(2)　資料について

主人公の薫は，自分らしさを肯定的にとらえ，積極的に行動できる力をもっている。反面，よいと思ったことはどんどん実行するため，問題も起きる。自分に対する強い思いをもつ主人公の考え方や言動を考えさせることで，一人一人の個性を大切にしようとする気持ちをもたせたい。

5　事前・事後指導の工夫

(1)　自分のよさを見つめる

事前に自分の長所や短所を見つめる時間を設定する。学習シートに複数の欄を設け，素直に自分を見つめ，自分の長所や短所を書けるようにする。書いた内容を発表する場合，発表を強要するのではなく，発表をしてもよいという子どもだけにとどめるようにする。

(2)　互いのよさを伝え合う

学級活動の中で，「いいとこさがし」というエクササイズを行い，道徳の時間との関連を図るようにする。そこでは，十分な時間を確保し，身近にいる仲間のよさをじっくり考える機会をつくる。また，全員が発表し，必ず全員のよさが紹介されるようなグループ分けになるように配慮する。普段，あま

り意識していない人のよさを考え,認め合うことで,温かな雰囲気を味わうことができるようにする。

6　本時の展開

	学習活動と主な発問・指示	教師の手だてと評価
導入	1．高学年用『心のノート』p.32-33を読む。 2．事前に書いた学習シートを読む。 ○前に書いた「自分の長所,短所」を読みましょう。できる人は発表してください。	・読む時間を確保する。 ・書いてあるかどうか確認し,発表ができるという子どもを挙手により指名する。
展開前半	3．資料の前半を読む。 ○女の子がからかわれているのを見て,薫さんはどうしたと思いますか。理由も書きましょう。 ○薫さんと女の子をからかっている男の人になって役割演技をしましょう。 ○みなさんならどうするか考えてみましょう。	・発表を強要しない。 ・子どもの発言した主人公の行為とその理由を整理して板書する。 ・途中で役割を交代し,演技後,感想を聞く。 ・演技が停滞した場合,教師が適宜,加わる。 ・自分ならどうするかという行為と理由を聞く。 ・学習シートを用意し,書く活動を取り入れる。 ＜評価＞ ①行為とその理由を自分なりの言葉で書くことができる。
	4．資料の後半を読む。 ○男の人を注意した薫さんのことをどう	・事前に書いた学習シートを

展開後半	思いますか。 ○みなさんのよさをもう一度考えましょう。また,考えたことを『心のノート』に書きましょう。	再度見直す時間をとる。 ＜評価＞ ②自分のよさを見つめ直し,書くことができる。
終末	5．みなさんのよさを紹介します。	・教師から見たクラス全員のよさを一言ずつ紹介する。 ・全員の紹介ができるよう時間を確保する。

7　本時の評価について

(1)　自分だったらどうするかについての理由を書く

　薫のとった行動は,「おかしいと思ったら反対する」という性格からである。「薫らしさ」ではあるが,誰もができることではない。また,勇気や正義感といった道徳的価値にもつながる。

　子どもが薫の立場に立ったとき,多くの子どもは「怖くて注意できない」「仕返しをされたら嫌だ」といった立場に立ちがちである。しかし,「自分にはできないかもしれないけれど,注意したい」といった気持ちを大切に扱う。

(2)　自分のよさを見つめる

　日常の生活の中で,意識して自分を見つめるといった子どもは少ない。とくに,自分のよさについて考えるような機会はまれである。その逆に,自分の欠点や嫌な面が先立ち,自信をなくしているような傾向の子どももいる。

　この機会に,自分という人間の存在とよさについて見つめさせる。そして,人との比較ではなく,自分のもっている自分らしさが大切であると考え,自分のよさを感じ,それを伸ばしていこうとする心情や意欲をもたせたい。

「じぶん」を見つめる子どもと教師のかかわり

1 事前に自分の長所と短所を書く

子どもたちの道徳的実践力をより高めていくためには，自分自身をいかに見つめさせるかがポイントになる。そのためには，事前・事後指導を工夫し，授業をより効果的に実施していこうとする構えが大切である。

本実践では，朝の学習や帰りの会の時間を利用し，担任が作成した学習シートに，自分の長所と短所を書くように促した。さらに，保護者には，学級だよりを通して「親から見た子どものよさ」を伝えてもらうようにお願いした。子どもたちは，自分のよさを保護者の意見を参考にしながら，学習シートに記述していた。

そこに書かれた内容を授業の導入で活用した。45分の授業の中で自分の長所や短所を考え，資料を活用し価値の自覚を図り，自己を見つめるという過程は時間的に無理がある。事前に時間をかけ，じっくり考えさせておくことが必要である。

```
＜自分が考える長所と短所＞
長所
 1．運動が得意
 2．学校を休んだことがない
 3．誰にでもあいさつをする
短所
 1．ちょっと気が短い
 2．
```

```
＜自分が考える長所と短所＞
長所
 1．動物をかわいがる
 2．小さい子のお世話が好き
 3．
短所
 1．みんなの前で話すのが苦手
 2．あきっぽい
```

2 役割演技を通して主人公の個性を見つめる

本実践では，資料を分けて提示し，前半部分で役割演技を取り入れた。役割演技では，演じる側，見る側双方への指導が必要である。とくに，演じている子どもには，即興表現や，思ったことをはっきり表現することに配慮さ

せた。以前から道徳の時間でよく取り入れていたため，子どもたちもかなり慣れていた。

> ＜役割演技の実際から＞　◎主人公薫の役　●男子の役
> ◎　いやがっているんだから，やめたほうがいいよ。
> ●　おまえには関係ないだろう。黙っていろよ。
> ◎　女の子が何かしたの？　何もしていないだろう。
> ●　うるさいなあ。どこかへ行けよ。
> ◎　君たちこそ，人をいじめてないで，どこかへ行けよ。
> 演技後の感想
> 　相手は年上で2人もいたから，本当はもっと怖いと思った。もし，本当にその場にいたら注意なんてできなくて，ただ黙って見ているだけかもしれない。

3　資料を分けて提示することで興味・関心を高める

　資料を分割して提示することは，子どもの興味・関心を高めるうえで有効である。とくに，本実践のような葛藤場面で分けたことにより，その後の行為を予想し，自分だったらどうするかという視点で意欲的に考えさせることができた。資料の前半では，多くの子どもたちは，主人公薫の正義感に満ちた行為を予想していた。しかし，後半の場面で，注意した男から蹴られ，その場に崩れ落ち動くこともできなかったという悲惨な状況は，予想していなかった。結局，危険な目に遭い，周りの人からも助けてもらえずにいた主人公の行為を否定的にとらえる子どももいた。反面，自分が正しいと思ったとおりに行動した主人公の個性や強さを肯定的にとらえ，自分の個性やよさを考えはじめる子どもも出てきた。

> ＜子どもの発言＞
> ①　薫が勇気を出して注意したのは，すごいと思った。でも，それでけがをしたり死んだりしたら何にもならないから，電車の係員にすぐに知らせたほうがよかった。
> ②　自分より強そうな人にちゃんと注意をした薫は，えらいと思った。ぼくにはできないと思うけど，それが薫の性格や個性なんだと思う。自分のよさを考えて，それをもっと強いものにしていきたいと思った。

4 自分自身のよさを見つめる

　事前に書いたプリント，授業での役割演技や発言などを通して，再度，自分のよさを考えられるようにした。その際，導入で読んだ，高学年用『心のノート』(p.32－33)を再度開き，自分のよさを書き込む時間を設けた。

● 『心のノート』への記入の実際から

> 　ぼくのよさは，負けずぎらいなところです。負けると怒ってしまうこともあるけど，勝つまでがんばり続けるところがぼくのよさだと思います。

> 　わたしは，誰とでもけっこう仲良くできます。だから，友達もかなりいます。人の気持ちを考えてやれるところがよさだと思います。これからも続けていきます。

5 教師が全員のよさを伝える

　全員の前で，下欄のように一人一人のよさを伝えた。自分の番になると少し恥ずかしそうな表情をする子どももいたが，多くの子どもはうれしそうに聞いてくれた。担任から認められること，自分も気がついていないよさを知ること，互いのよさに気づくことは，子どもたちにとって自信につながる。教師と子どもとの関係をよりよいものにしていくうえでも有効な手だてである。

> A男　図工の版画では一言もしゃべらず黙々と彫り続けていた努力家です。
> B子　頼んでもいないのによくお手伝いをしてくれるやさしい人です。
> C男　跳び箱でヘッドスプリングに何度も挑戦し，できるようになった粘り強い人です。
> D子　困っている人によく声をかけてあげる友達思いの人です。

6 互いのよさを伝え合う

　道徳の時間の後の学級活動の時間に，「いいとこさがし」というエクササイズを行った。生活班ごとに集まり，班の人のよさとその理由を書き，互いに切り取って渡し合った。用紙はたくさん用意しておき，いくらでも書けるように指示した。全員が必ずカードをもらえるように配慮した。これは，道徳の時間と関連をもたせた学習であり，互いのよさを認め合う雰囲気を一層深めるのに役立てられた。

1章 「じぶん」を見つめる

> **○○さんのいいところを見つけたよ**
> ＜いいところ＞
> まわりの人にとてもやさしくて明るいところ。
> ＜思ったわけ＞
> C子さんが一人でいたら、「いっしょに遊ぼう」と言って、誘ってあげていた。

> **○○さんのいいところを見つけたよ**
> ＜いいところ＞
> 何にでも集中して、最後まであきらめない人です。
> ＜思ったわけ＞
> ハードルの練習で、最初はうまくとべなくて転んでけがをしたけど、また何度もやり直していました。

参考

1　事前の記述と授業中の記述

〈A男の記述〉事前の学習シート　　　　　　　　　〈授業中の記述〉

> ＜自分が考える長所と短所＞
> 長所
> 　1．あいさつや返事の声が大きい
> 　2．いつも元気よく外で遊ぶ
> 　3．
> 短所
> 　1．ときどき宿題を忘れる
> 　2．おしゃべりが多い

→

> いつも大きな声であいさつや返事をしていると、とても気持ちがいい。先生や地域の人からよくほめられる。これからも、誰にでも、元気よくあいさつなどをしていく。

＊よさについての実践意欲をより具体的に表現している。

2　学級活動でのエクササイズの様子

　学級活動の時間に、互いのよさを伝え合うエクササイズを行った。道徳の時間で自分のよさを見つめたことが生かされ、さらに、本時の中で周囲の友達が伝えてくれたよさを受け止め、和やかな時間になった。今後、さらに一人一人の子どもたちのよさを伝えつづけ、個性の伸長を図っていきたいと思う。

（土田暢也）

2章 「いのち」を見つめる

1 子どもが見つめる「いのち」とは

●躍動する「いのち」と希薄化する「いのち」

　「いのち」とは「息の力」であり「生きる力」である。それが何にも代えられないものであり，一人に1つずつ授けられたものであると強く感じ取ったとき，前向きに生きようとする心の力もわいてくる。

　子どもは自らに授かった「いのち」とともにあり，まさに生命を躍動させる存在である。だから，子ども同士が交わり合う学校は，生命力に溢れている。学校では，一日ずつ明日が作られ，未来が作られていく。子どもたちは，生命と生命のダイナミズムの中で生きているのである。

　ところが，この「いのち」に対する意識も子どもの中で大きく揺らぎ始めている。「一度死んだ生命が生き返るか」という問いがいくつかの調査でなされているが，「生き返ることもある」と回答する割合が，調査の条件によって異なるものの，常に一定の割合以上を示している。生命は一度亡くしたら取り戻しようがないものだという感覚が弱くなっているのである。

　また，子どもの中で生命は「作られるもの」という感覚が強くなっていると同時に，「死」も「壊れるもの」「消滅するもの」という受け止めが作文や日常会話の中に見られたりする。デジタルのペットは，壊れ，消滅する。しかも，汚さや臭さがない。動物をかわいいと感じることと，汚さ，臭さの両方が受け入れられなくては，親しみをもって生命ある動物をいたわることはできない。

　さらに，生命そのものの誕生や死に，子どもが直接立ち会ったり出会ったりすることも少なくなっている。生命に対する驚き，感動，喜び，悲しみを感じることも減ってきている。子どもの生命にかかわる直接体験の機会が減少し，実感的な理解が十分ではなくなってきているのである。

　子どもが生命を粗末にする事件が後を絶たない今，「いのち」に対するあたたかみと深みのある価値観をつくっていくことが重要な課題となっている。

●子どもが「いのち」を見つめる窓口

　子どもが自他の「いのち」について見つめ，そのイメージを豊かにもち，知

見を深め，実感的にそのかけがえのなさに視野を開いていくとき，その内容的な窓口としてはどのようなものが考えられるだろうか。

　生命の尊重そのものが道徳性全体の基盤的な価値であり，全ての内容項目と関連があるといえる。全ての道徳性は「いのち」が大切にされてはじめて成り立つものだからである。その中でも，「いのち」は道徳の内容のⅢの視点「主として自然や崇高なものとのかかわりに関すること」が中核となる。その内容項目において，広く呼称されている言葉を手がかりとするならば下の左のようなキーワードで押さえることができる。また，他の視点の中で，特に「いのち」の角度から欠かせないものを示すならば，下の右の内容が挙げられる。

Ⅲの視点の内容項目にみるキーワード　他の視点の内容で主にかかわるもの

生命の尊重　生きることの喜び　動植物愛護　自然愛　環境保全　畏敬の念　美しさへの感動　など	健康・安全　高齢者への感謝　公正・公平，権利と義務　家族愛　人類愛　など

　また，文部科学省の中学校用『心のノート』では，生命尊重に関する特設ページを置いて，生命の「偶然性」「有限性」「連続性」についてのメッセージを掲載している。このような「いのち」のもつ性格をそれと連想する言葉でつなげてイメージを豊かにすることもできる。1つの方法として，下図のような広がりとして位置付けることができる。

「いのち」の性格やイメージの整理・分類（1つの整理の仕方）

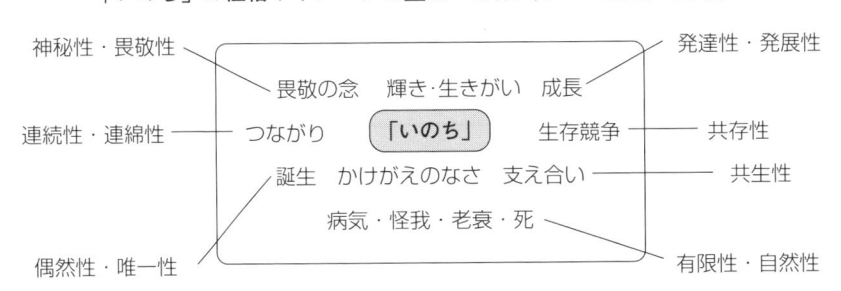

神秘性・畏敬性　　　　　　　　　　　　　　　発達性・発展性
　　　　畏敬の念　輝き・生きがい　成長
連続性・連綿性　──　つながり　　「いのち」　生存競争　──　共存性
　　　　誕生　かけがえのなさ　支え合い　　　　　　　共生性
　　　　病気・怪我・老衰・死
偶然性・唯一性　　　　　　　　　　　　　　　有限性・自然性

このように、「いのち」には実に多様な角度からの見方や押さえ方がある。誕生や死の問題、病気や怪我などの健康や安全上の問題だけでなく、「いのち」のつながりや支え合い、さらには、生きがいや生き方の問題、畏敬の念なども含めて、きわめて広く捉えることができる。

● 子どもが「いのち」を多様な角度から深く見つめるために

　道徳教育とそのかなめとしての道徳の時間では、このような「いのち」の性格を子どもが多面的に見つめることができるようにすることが大切である。具体的には、次に示すような「いのち」の両面性に着眼することで、その価値意識や価値観を広げ、深めていくことができる。

① 自分の「いのち」と他者の「いのち」との対等的理解

　自分の「いのち」の大切さを感じる心と、他者の「いのち」を尊重する心はつながっている。健全な自尊感情は、自己の「いのち」の肯定的な受け止めだけでなく、自他の「いのち」を尊重する心の上に成り立つものである。これは、一人一人の「いのち」がそれぞれに唯一性をもち、かけがえのなさの上では対等であるという受け止めに立つことでもある。

② 縦につながる「いのち」と横で互いに支え合う「いのち」の理解

　縦につながる「いのち」は、世代を越えて脈々と結ばれている。十世代前ともなると二の十乗で千人あまりの先祖がいる計算になる。二十世代前になると百万人を超え、あと少し遡れば、当時の日本人の人口を超える規模になる。まさに縦につながる生命は地球規模の広さをもっている。また、同じ郷土に生まれ、同じ集団に属している横の「いのち」の支え合いもある。このように、「いのち」は縦の連続と、横の共生の両面で捉えてこそ理解が広げられる。

③ 「いのち」の認知的側面と情意的側面からの理解

　「いのち」には、大きく分けて、認知的な見方と情意的な見方がある。例えば、心臓が動いている、呼吸が規則的だ、血色がよいなどと、事実から理解し、認知する。一方、はつらつとしている、輝いている、意欲に満ちている、逆に、心が沈んでいるなどと、心を通して情意的な受け止めをすることもある。これらは明確に分けられるものではないが、人物への共感的追求を中心にして進め

ることの多い道徳の時間では，後者の情意的な受け止めがしばしば重視される。そこに，認知的側面である事実の理解や判断を重ねることにより，「いのち」の受け止めを一層深めることができる。

④ 「いのち」の持続性と発達性の両面からの理解

「いのち」は健康を保持し，危険から身を守ろうとする。それは「いのち」を守り抜こうとする本能的な営みである。そのように「いのち」を持続させようとする力が働く一方で，「いのち」は変化し，発達し，発展していくものである。身体の連続的な成長だけでなく，精神的には，自己の夢やあこがれに覚醒し，生きがいを求めて生命力を発揮しようとし，時には断続的に，飛躍しながら高まっていくものである。それらの変化を止める側面と，逆に積極的に変化させようとする側面の両面に目を向けた理解が大切である。

⑤ 成長発達によって「いのち」の受け止めが変化することの理解

例えば，低学年の子どもは，小鳥が死んでも眠っているという感覚から土の布団をかぶせようとすることもある。アノミー的な見方である。高学年から中学生になると，霊魂のよみがえり，精神の不滅，さらには宗教的な観念などから人間の死について受け止めることも多くなる。実際に，死んだ人が「生き返ることもある」と回答する割合は低学年で多く，発達に伴って減少するものの，中学生になると再び増加する傾向を見せたりする。このように，「いのち」の受け止めは成長発達の過程において質的に変わっていき，畏敬や畏怖の念も一人一人の中で深まっていくものであるととらえる必要がある。

2 「いのち」を深く見つめるための道徳資料

道徳の時間の主題設定に際しては，このような「いのち」の理解の上に立った資料選択や資料開発をすることが重要になる。そこでは，道徳の時間だからこそ可能な「いのち」を深く見つめる学習となることが期待される。そのためにも，子どもが「いのち」についての価値意識を豊かにもち，価値観を高めていくための効果的な資料を選びたいものである。特に，子ども自身の魂をも揺さぶる感動的な資料や，登場人物の「いのち」と響き合い，共感し共鳴できる

ような資料をしっかりと選び抜くように努めたい。
　例えば，次のような資料群が考えられる。
　ア　人間の成長の過程や生き物の生育過程にかかわる資料
　イ　人間の生老病死などの誕生と死について扱った資料
　ウ　事故，事件などで，生と死の問題に直面した体験等に取材した資料
　エ　生活の中で生きている心地よさを実感することができる資料
　オ　身近な動植物の生や死，食物連鎖，人間と動物との共存についての資料
　カ　人間や生き物の環境を守ることなど，環境問題を扱った資料
　キ　先祖，祖父母から今の家族へと受け継がれるものに着目した資料
　ク　共に生命を尊重し合いながら生きることの尊さを考える資料
　ケ　生命を燃焼させ，力強く生き抜く人に関する資料　　など
　このように多様な題材に着目することができる。ただし，「いのち」というテーマは時に重い問題を含むだけに，配慮すべき点もある。例えば，次のことは念頭に置くことが大切である。
・事件性のある題材の扱いでは，人権への配慮を欠かさないようにする。加害者，被害者ともに人権があり，未解決のものについては特に慎重を要する。中でも，少年がかかわる事件については一層の配慮が必要になる。
・病気や事故などによる死の問題は，学級の子どもの今までの生活経験やその家族の背景などをとらえて，配慮を欠かさないようにする。
・脳死，臓器移植，クローン人間，出生前診断等，生命倫理が強く絡む問題については，扱う利点もあるが，子どもの発達段階上のレディネスや教師自身が明確な回答をもつことの難しさ等を十分に考える必要がある。

③　子どもが「いのち」を深く見つめる授業づくり

　最後に，授業づくりの着眼点について考えてみよう。
●指導過程での「いのち」を深く見つめる工夫
　まず，指導過程の構想に際しては，前章と同様，話し合いへの方向付けとして問題意識を強くもつことができるようにすること，資料中の人物等の生き方

や「いのち」の営みへの共感を強く深める学習過程を大事にすることなどが、ここでも重要になる。それに加え、特に次の視点を大切にしたい。

1つは、「いのち」に対する各自の考えが、それぞれの体験に基づいて十分に表現でき、磨き合える学習の場を中軸とした話し合いにすることである。

いま1つは、理科、生活科、学校行事、総合的な学習の時間などには、自然体験、飼育体験、介護体験など、生命に関する直接体験活動が多様に織りこまれている。それらと実施時期を並行させたり、意図的につなげるなどして指導の相乗効果を生み出すことである。

●指導方法における「いのち」を深く見つめる主な工夫

指導方法については、子どもが「いのち」について実感的理解を深め、心が大きく動くように、次のような工夫を生かすことが大切である。

◆多様な人の協力を得る……「いのち」に関する体験や専門性をもった人の話は、子どもの心を揺さぶる。例えば、養護教諭や特別な体験をもつ教師との協力的指導、医師や看護師などを招いての指導、保護者からの手紙による情報提供や、実際に保護者等の参画を得て進める指導などが考えられる。

◆実物や写真、映像などを生かす……インパクトのある実物や写真、映像などは思考を深め、感動をあたためる力になる。その際、映像などを選び抜いて、生かす場面を焦点化するとよい。

◆疑似体験活動等で理解を深める……例えば、動物の心音を聴診器等で聴いたり、赤ちゃんを模した人形を抱いてみたりする活動などが考えられる。

◆指導の環境自体を工夫する……自然環境の中や資料コーナーのある場所等で、実物や資料に触れながら進めることが考えられる。

◆子どものもつ自然体験等を生かす……子どもの地域環境での体験、ネイチャーゲーム、家庭での飼育体験などの資料や写真等を持参して生かす。など

このように、「いのち」の共感的、実感的な理解を深める工夫は様々に考えられる。指導事例の中で、これらの工夫を確かめていただきたい。

(永田繁雄)

◆ 子どもが「いのち」を見つめる授業実践＜1＞

生まれ育つ「いのち」を見つめ，「いのち」を語る

- 低学年〔生命尊重〕の実践
- 中心的な資料　動物の写真

生まれ育つ「いのち」を見つめる

　道徳性には，さまざまな側面があるが，その中核となるものは，「いのち」そのものである。「生きる」ことはそれだけで尊く，気高いものである。だが，命を粗末にする社会的な傾向や事件が連日伝えられる現代社会において，命を軽く扱う傾向が見られる。今，自己の命について問いかけることは，自分の「生き方そのもの」を見つめ，人生を支える信念を築き，自己実現を図る根本になると考える。命を知的に理解するとともに，「いのち」を豊かに感じる心を育てることが大変重要なのである。道徳の時間を中心に豊かな体験を通し，命を大切にする心情を養う実践を重ねたい。

自己を見る目を豊かにする主な手だて

1 「いのち」を感じる時間を確保する

　命の大切さは，知的な理解のみで感得できるものではない。改めて考え「気づく」とともに，「感じる」ことが大切である。感じる材料は，実物や写真などが考えられる。クラスみんなでじっくりと「感じる」時間を確保する。

2 教師の体験談を語る

　終末では，教師自らの体験を率直に伝えていきたい。同じ思いや共感を生むことで，1時間の授業がその後の実践へとつながっていくと考える。

第2学年　道徳学習指導案

1. **主題名**　生まれ出るいのち

   【内容項目　低学年：生命尊重】

2. **中心資料名**　動物の写真
3. **ねらい**　生きる喜びや尊さを感じとり，生命を大切にしようとする心を育てる。
4. **主題設定の理由と授業の構想**

   (1) 「いのち」をしっとりと感じるとき

   「いのち」を尊重しようと人をつき動かすものは，「命は大切なもの」という理解以上に，命のかけがえのなさや尊さを感じる心である。その意味で，「いのち」は教えるものではなく，感じるものなのである。とくに多感な低学年のこの時期に「いのち」を感じさせる意義が大きい。そこで，生命尊重のねらいに迫るために，じっくりと1枚の写真を見つめ，そこから感じられる命の息吹を感じとる時間を十分に確保する。生まれたばかりの動物の姿を見つめ，その愛らしさや感じたことを言いあうなかで，生まれ出る「いのち」のすばらしさを感じることができるようにしたい。

   (2) 子ども一人一人の体験を引き出す

   子どもが「いのち」を語るときは，自分の生活の中で体験したことが基になっている。生活の中で「いのち」を感じることが少ない現代ではあるが，子どもたちは，家族や生き物とのふれあいのなかで，たくさんの命を感じている。話し合いの場では，子どもの生活体験を積極的に引き出すことで，「生まれ出る命」「消えゆく命」「愛される命」「生き生きとした命」などいろいろな側面から「いのち」をとらえさせ，その尊さに気づかせていく。そして，身近な生活でも，命を大切にする行為がたくさんあることを考えることができるようにし，実践へとつなげていく。

5. **共通体験の場をつくる**

   (1) 体験の積み重ねが「いのち」を感じさせる

   「いのち」を感じさせるものは，直接の「ふれあい」であり「交流」である。

直接体験から学ぶものはきわめて多く，それは「教える」ものではなく，「感じさせる」ものなのである。

とくに，低学年の子どもにとって，命はとても身近なものでもある。低学年の子どもたちは，小動物への興味・関心が強く，それらの生き物とふれあうことをとても喜ぶ。この生き物とふれあう毎日の積み重ねが，「生きる」愛しさや，命の尊さをより強く感じる機会となる。卵から幼虫が生まれたり，えさを食べる姿や成長する姿を見つめるなかに，子どもにとっての大切な「いのち」がある。

(2) **年間を通して飼育体験をする**

1年間を通して小動物を飼育することは，子どもにたくさんの感動を与え，命を感じさせていく。例えば，私のクラスでは，一人が1匹ずつ，ザリガニを育てている。生まれたばかりのときから育てていく自分のザリガニ。小さな体に合うように，えさの大きさを考えたり，より過ごしやすいように，じゃりの量や隠れ家の工夫をしたりするなかで，一人一人の子どもにとって大切な命ある生物になっていった。

また，カイコの飼育も行った。卵から孵化させ，幼虫から成虫へと育てていくなかで，その成長速度の速さに驚きながら，子どもにとってのカイコのイメージが大きく変わっていった。とくに，繭から「糸をとるのか」「蛾まで育て上げるのか」の場面では，号泣する子どももおり，命を考え直す大切な場面となった。

このように，1年間を通して生き物を育て続けることは，自分の成長とも重なり，命を身近なところで「感じる」大変貴重な体験へと高まる。この豊かな自分自身の体験が，道徳の時間でも語る材料となり，より共感的に資料をとらえ，命を感じとる自分の構えをつくるのである。

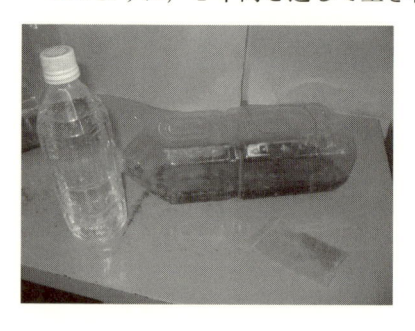

6　本時の流れ

	学習活動	指導の手だて◇と評価■
つかむ	○かわいい動物は，どんな動物ですか。 ・パンダ　　・犬 ・コアラ　　・猫	◇動物を想像させ，学習意欲を高める。 ■かわいい動物を思い描くことができたか。
深める	○動物をいくつか紹介します。どんな感じに見えるかな。 　おおかみ　いのしし　アザラシ ・こわい ・食べられちゃう ・強そう ○それぞれの動物の赤ちゃんを紹介します。どんな感じですか。 ・目がとってもかわいい。 ・小さくてかわいい。 ・やさしそうだね。 ・色が違うよ。 ◎生まれたばかりの赤ちゃんに，お母さんはどんなことを言うでしょう。 ・大事にするよ。 ・生まれてきてありがとう。 ・待ちに待っていたんだよ。 ・大切な命だよ。	◇3枚の写真を提示し，かわいい動物と比べながら，こわさを印象づける。 ◇子どもの発言を受け，色，大きさ，牙など体の特徴を板書で示したり，つけ足しをしながら，豊かにイメージさせる。 ■3種類の動物のイメージをもてたか。 ◇おおかみ・いのしし・アザラシの生まれたばかりの写真を提示し，その獰猛さに比べ，乳児のかわいさに注目させ，なぜ生まれたときはかわいいのかを考えさせる。 ◇生まれてきた子どもへの母の一言を考えさせ，命を「愛すること」や「命が生まれ出る喜び」に気づかせる。 ◇ワークシートに母と子の写真をのせ，会話を想像させる。 ■母の会話から，命の大切さをより深く考えられたか。
見つめる	○生まれてよかったのは，どんなとき。 ・遊んでいて楽しいとき。 ・お母さんと話しているとき。	■生まれてうれしいと感じるときを考え，その喜びを深く考えられたか。
浸る	○教師の体験談を聞く。	○子どもが生まれたときのことを話し，命の尊さを印象づける。

「いのち」を見つめる子どもと教師のかかわり

1 事前の子どもの様子から

4月当初より，生き物係が中心となり，教室で金魚やメダカを育ててきている。5月からは，一人1匹のザリガニ飼育が始まった。何人かは，飼っていた生き物が惜しくも死んでしまったり，ふたの閉め忘れから逃げてしまったりして，涙を流したこともある。絵日記の中には，「ザリくんと名前をつけたよ」「おすとめすがわかった」「えさを全部食べてくれてうれしかった」など，その時々の喜びが記されている。また，カイコの飼育体験では，育てるうちに「きらいだったカイコが大好きになった」などと，育てるなかで日増しに愛着を募らせていった。

このように豊かな飼育体験をしてきた子どもたちにとって，動物を題材にした授業は楽しく，興味のある学習となった。

2 自分のもったイメージとのずれ（教材との出会い）

授業の始めに「かわいい動物は何か」を尋ねた。子どもたちは，次のような動物をあげた。

りす　むささび　犬　ねずみ　ハムスター　キリン　ねこ

いくつもの動物があがるなかで，「ぼくも飼ってるよ」「かわいい，大好き」など，口々に発言しながら，子どもたちの笑顔が増えてくる。

そこで，「3匹の動物を紹介します」と言い，「おおかみ」の大きな写真を提示した。続けて，「いのしし」「アザラシ」を提示した。子どもたちは，「こわい」「すごい牙」などと凶暴さに注目し始め，笑顔も少なくなっていった。導入での「かわいい」という動物のイメージが覆され，おそろしいイメージへと変わっていった。このイメージのずれが，より明確な動物像を抱かせていくのである。

3 みんなで写真を見入ったとき

こわく，おそろしいというイメージが湧いてきたところで，「赤ちゃんを紹

介します」と伝え，写真を提示した。「おおかみ」や「いのしし」の写真を出すと子どもから「きゃー，かわいい」「バンビみたいだ」など，たくさんの歓声や発言が聞かれた。とくに「アザラシ」の赤ちゃんを提示したときには，「タマちゃんみたい」「まるまっこい」「抱きしめたい」など大きな反応があった。どの子も写真に見入っていた。何度も赤ちゃんの写真を見ながら，そのかわいさを感じとっていた。

©石井英二／Nature Production
授業で用いたアザラシの赤ちゃんの写真

　そこで，「あれだけおそろしい動物でも赤ちゃんはとてもかわいいんだね。赤ちゃんのときはどうしてこんなにかわいいのだろうか」と問いかけた。子どもたちは，それぞれに考えてから話し始めた。「まだ小さいからかわいがってもらえるように」「一人では生きていけないから」「生まれたばかりで，まだ何も知らないから」「大人と違って目がきらきらしているね」「きっと守られるように神様がつくったんだ」など生まれ出る「いのち」の健気さや愛らしさについて考えを深めていったのである。

　4　新たな視点から写真に見入り，じっくりと「いのち」を考える

　ここで授業は山場を迎える。中心発問としてワークシートを配り，「みんながお父さんやお母さんになって，生まれてきたばかりの赤ちゃんに言ってあげたいことを書いてください」と言い，じっくりと書かせた。

　「親になって」と言われて，じっくりと写真を見つめ直す子どもが多く見られた。そして「かわいい」というイメージが生まれ出る「いのち」へと意識が向けられていった。じっくりと書いた後，子どもたちは次のようなことを発表した。

<授業記録より>
T：では，発表してください。話すときは，黒板の写真の前に来て，お母さんになったつもりで話してください。
C：やっと生まれたね。危険なことがあったら，絶対に守ってあげるよ。
C：かわいいよ。大きくて強い子になるんだよ。
C：無事に生まれてきてくれてありがとう。うれしいよ。
C：どんどん成長して立派な大人になるんだよ。
C：よく生まれてきたね。がんばったね。大切な命だね。
C：こんなかわいい子は初めて見たよ。
C：大切な命だね。ありがとう。

　どの子もよく考えていた。掲示された赤ちゃんの写真に向かって，気持ちを込めてやさしく語る姿がとても印象的であった。とくに1枚の写真をじっくりと見つめる眼差しの中に，「感じる」心が表れていた。教師の問いかけが，子どもの見る目を変え，新たな目で生まれた赤ちゃんを見つめさせた。その目は，幼い小さな命を見つめていた。

　その後，子どもたちは，「生まれてよかったと感じるとき」を考えながら，自分自身を見つめていった。友達と遊んだときや楽しいことをした体験を語るなかで，「ぼくのザリガニが脱皮したときはとても驚いた」「カイコの卵がかえったときはとってもうれしかった」「朝，教室に来て元気なザリちゃんを見てよかったと思った」など自分で育てた生き物についての話がたくさん出てきた。身近な生き物が，たくさんの「いのち」を教えてくれているのである。

　5　教師の生の声を投げかける（親として語る）

　授業の最後に，教師自ら自分の子どもが生まれたときのことを話した。子どもたちにとって教師は身近な存在である。とくに低学年の子どもは，教師の語る話を興味津々に聞く。病院に通うなかで，「心音が弱まっています」と聞かされた瞬間の気持ちや元気な産声を聞いたときの喜びを気持ちを込めて語り，伝えた。子どもたちは，自分の両親の思いと重ねたり，動物の赤ちゃんを思い浮かべたりしながら，いろいろなことを考えていたようだ。

本時における「いのち」のように，「感じる」ことを大事にする内容においては，教師自身が子どもたちに語りかけることがとりわけ大切である。この語りかけが，子どもの心に余韻として残り，その後の実践へと生かされることも期待したい。

　6　実践を終えて

　以上，第2学年の「生命尊重」の実践について述べた。「考える」よりも「感じる」ことを大切にする授業をめざし，写真を生かしながら実践した。子どもたちは，その写真を見つめながら，それぞれに命の大切さを感じとっていたようだ。

　このような生命尊重をねらいとした場合，授業評価は難しい。評価は子どもの授業での姿や記述等を見取りながら行うが，どこまで感じたのかは見取りきれるものではない。むしろ，教師が熱い思いをもって，どう感じさせるのかが分かれ目になると考える。教材の開発も含め，よりよい実践をめざし改善を重ねていきたい。

> [!NOTE] 参考
> 　実践ではネイチャー・プロダクション編『写真集　ボクが大きくなったら』（講談社）所収の写真を使った。

（星　直樹）

◆ 子どもが「いのち」を見つめる授業実践<2>

生まれるいのち，育ついのち
―― 生まれてきてよかった ――

- ●低学年〔家族愛〕の実践
- ●中心的な資料「ぼくの生まれた日」

愛され生まれた「いのち」を見つめる

　愛されている自分を確認したい。低学年の子どもは，そんな願いを無意識のうちに強くもっているに違いない。だからこそ，大人のまわりにまとわりつき，純真な目つきで訴えかける。「こっちを見て」と。そして，そこで愛されていることを実感したとき，はじめて，力強く前進できる。まずは，その積み重ねが必要だ。自分が愛され，かけがえのない存在であることに気づき，実感すること。そこが基盤となって，愛され生まれてきた自分の「いのち」を見つめることができる。

自己を見る目を豊かにする主な手だて

1. 他教科・領域との関連を図る
　　子どもの意識の流れを大切にし，とくに体験活動との関連を図る。
2. 体験を生かした学習活動から得た子どもの意識を展開に生かす
　　関連した体験活動の中のつぶやきや感想を道徳の授業に生かし，自分自身を見つめ，探る手がかりとする。
3. 魅力のある資料の選択・資料提示・発問の工夫をする
　　わかりやすくインパクトのある資料提示の工夫，体験が生きる発問の工夫をする。

第2学年　道徳学習指導案

1　主題名　父母の愛

【内容項目　低学年：家族愛】

2　中心資料名　「ぼくの生まれた日」（『4年生のどうとく』文溪堂）を紙芝居化

3　ねらい　　家族に大切にされていることに気づき，父母を敬愛し，楽しい家庭をつくろうとする心情を育てる。

4　主題設定の理由

(1)　ねらいとする価値について

　子どもの心は，いつでも，いつの時代も純粋で，生きることに向かって貪欲に進んでいこうというエネルギーが溢れているものだと信じている。

　しかし，今，子どもたちのそんな心のエネルギーが涸れかけてきているのではないか。ほんとうの子どもらしさが，何かで厚く覆われてしまい「もっと違うことをしたいんだ！」と叫んでいるような気がする。

　そんな子どもたちが，生き生きと生活していくためのエネルギーの源となるものはなんであろうか。それは周囲から受けてきた，あるいは受けている愛情を実感することなのではないか。その最たるものが父母の愛情であろう。年齢の低いときにそれを実感する機会が多いほど，安定した「生きる力」のもととなる力につながるのではないかと考える。

　そして，その力は自身の生きる糧となると同時に，家族のため，人のためにも自分を役立てていこうとする心の基盤にもなるのではないだろうか。

　また，かけがえのない自分を自覚することは，生命を尊重する心にもつながる大切なことであると考える。

(2)　子どもの実態について

　学級の子どもはひとりっ子も多く，どちらかといえばあたたかい保護を受けて育ってきている子どもが多い。それだけにそれを当たり前のように受け止めて，受け身な生活になりがちなときも見受けられ，親の愛情をはっきり自覚したり，感謝の気持ちをもったりするにはまだ至っていない。

　しかし，生活科「小さかったんだね」の学習を通して家族に自分の誕生時

の取材を重ねたり，幼児のころの思い出のものを発表しあったりするなかで，自分がいかに大切にされ，愛されて育ってきたか，実感を伴ってわかってきているようだ。

(3) 資料について

> 「雨に最初の一滴があるように，ぼくにも最初の一歩があった。だれもがそうであるように，ぼくにも生まれた日がある。ねえ，ドラえもん。行ってみたいなあ，ぼくの生まれた日。」
> 　　　　　　　　　　　　(映画『ドラえもん　ぼくの生まれた日』より引用)

映画版『ドラえもん　ぼくの生まれた日』は，そんなのび太くんのモノローグで始まる。

今，ここに生を享けたものはだれしも，誕生日があってここにいる。だれもが，希望を託された誕生がある。子どもにとって共感しやすいドラえもんの話を通して，これまで生活科などを通して感じてきた自分の誕生についてもう一度ふりかえり，かけがえのない大切な自分の存在を実感する機会としたい。また，まわりの友達も自分と同じように大切な存在であることにも目を向けさせ，気づかせたい。

なお，それぞれの家庭にはさまざまな事情があり，家族構成なども異なる。そのことに配慮することも忘れないようにする。

5　各教科・特別活動との関連及び活動の記録

本時は，学級活動(2)「わたしのたんじょう」，生活科「小さかったんだね」の学習と関連づけて組み立てた。それぞれの学習の中での体験から，子どもはさまざまな思いや葛藤，感動などをもった。しかし，子どもたちの思いは，個々によりその深さ，感じ方はまちまちである。

そこで，本時の道徳の時間では，これまでの学習における体験を生かし，「自分はかけがえのない愛されるべき存在としてこの世に生まれ，今ここにいるのだ」という思いを補充・深化していきたいと考えた。

2章 「いのち」を見つめる

本時に至るまでの過程・子どもの意識の流れ

学級活動(2)「わたしのたんじょう」7月
養護教諭による授業

生まれる前の母親の胎内でも成長していたことがわかり，両親やまわりの人の愛情をうけて，生まれ育ったことを知る。

- おへそはお母さんとつながっていた印なんだ。
- おなかのなかで大きな赤ちゃんになるまで育って生まれるのは大変だな。
- 生まれる前もこんなに大切にされたんだ。
- 自分が生まれたときのことを知りたいな。

夏休み（日常生活）家族への取材
「わたしが生まれたときどんな気持ちでしたか？」

- みんなにこんなに喜んでもらったなんて知らなかった。うれしいな。
- だいじにしてもらっていたんだな。
- みんな，わたしの誕生を待っていてくれていたんだな。
- 小さかったときのことをもっと知りたいな。

生活科 「小さかったんだね」9月
自分が小さかったころのことを調べたり追体験したりしながら，自分の成長に喜びをもって気づくことができる。

保育園・幼稚園のころ探検！
わたしの宝物発見！

- ずいぶん大きくなったんだな。
- 今までこんなふうに育ってきたのか。小さかったとき，みんなに大切にされたんだな。
- わたしたちの周りの人も同じように大切にされて生まれてきたんだな。
- 生まれたとき，家族や両親に喜ばれて生まれてきたんだな。
- 大切な命をもらったんだな。

学級活動（2） 11月
「だいじなあなた　だいじなわたし」
友達と互いに理解し合い，仲よく協力し合おうとする態度を身に付ける。

- ふだんの生活の中で，自分も友達も大切にしているだろうか。
- みんな仲よくするために，できることはないかな。

学級活動（1） 11月
「なかよし大作戦を考えよう」

- 一人一人を大切にして，みんなで仲よくする楽しい作戦を考えよう。

道徳 12月
主題名　父母の愛〔家族愛〕
資料名　「ぼくの生まれた日」（本時）

- わたしは，大切にされて育ってきたんだな。
- これからもがんばっていこう。
- 家族っていいな。
- 家族のために何かしたいな。
- まわりのみんなも大切にされてきたんだ。

生活科「3年生へジャンプ！　あしたにむかって」
道徳　「モチモチの木」〔勇気〕
　　　「空をとべなかったピーすけ」〔生命尊重〕

6　本時の展開

導入

○家族っていいなあと思うときはどんなときですか。
- お休みの日お父さんが一緒に遊んでくれるとき。
- 相談にのってくれるとき。

展開

○「ぼくの生まれた日」を聞いて話し合う。

- 資料をコンピュータで紙芝居化し，資料提示をする。
- 紙芝居的に投影しながら話を読み聞かせ，資料は子どもには配付しない。

①パパとママにしかられたとき，のび太くんはどんな気持ちでしたか。
- パパもママも嫌いだ。
- パパやママはぼくのことが嫌いなんだ。
- なんでこんなにしかるんだ。いやになる。

②のび太くんの誕生を喜んでいるパパを見てのび太くんはどんな気持ちだったでしょう。
- こんなに喜んでくれていたなんて知らなかった。
- うれしいな。
- ぼくが生まれることがこんなにうれしかったんだな。

③廊下でパパとママの話を聞いているとき，のび太くんは，どんなことを考えていたでしょう。（中心発問）
- パパとママはぼくを大切にしてくれていたんだな。
- 名前の意味がわかったら名前が好きになった。
- がんばらないといけないな。
- パパとママのために何かしよう。

- 子を思う両親の思いを十分に感じとらせる。
- 誕生を喜んでもらったこととともに，家族の願いも知り，さらに思いを深くしているのび太の気持ちに共感できるようにする。

○自分が生まれたときの話や小さかったときの話を聞いてどんなことがうれしかったですか。
- 家族の自分への愛情を再確認し，実感できるようにする。
- 生活科での体験を想起させる。

2章 「いのち」を見つめる

終末
○映画『ドラえもん ぼくの生まれた日』のラストシーンを見る。
・「生まれてきてよかった」という感情にしみじみと浸らせて余韻をもって終わる。
・映画版では，現代に戻ってきたのび太くんの「ぼくが生まれてきてよかった？」の問いに，「よかったさ」とお父さんが明快に答えて，みんなで笑いあうラストシーンがある。このシーンを見せることで，子どもの心はほっと落ち着き，あたかも自分に言ってくれているかのように感じると考える。

事後
『心のノート』と関連させて
「かぞくが大すき」(p.72-73)の「かぞくのねがいをかいてもらおう —こんな人にそだってほしい—」という欄を生かす。家族に書いてもらったり，インタビューしたりして，記入してくるよう助言する。
子どもは，家族の自分に託した願いを聞くことを通して，自分の「いのち」を輝かせていこうとする気持ちを温めていく。

「いのち」を見つめる子どもと教師のかかわり

1 十分すぎるほどの心の耕しを

生まれる「いのち」については，自分でどんなに想像しても，一生懸命考えても，答えは出にくいものである。父が，母がそして家族が，実感を伴う話をしてくれたり，抱きしめたりしてくれて初めて愛されるべき「いのち」として生まれてきたことがわかる。そんな心の耕しができていれば，道徳の時間に自分自身の「いのち」を見つめられる子どもになると考える。その耕しはいくらしても十分すぎるということはない。

本時と関連する学級活動，生活科の時間を通して，子どもは自分の「いのち」，かけがえのない自分，愛される存在としての自分について考えてきた。授業の際のまとめや活動では，常に「愛されている自分」に気づくように教師から助言をしたり，コメントをしたりしてきた。

2 本時の授業の中で

学級活動・生活科の学習の中で，子どもはさまざまな思いをもった。例えば，"愛されて生まれてきた「いのち」"について次のような実態が見られた。

★A子は，「わたしの誕生をこんなに喜んでもらえていたなんて，すごくうれしい。大事にされていたんだな」と，親の愛情を感じ，自分にとってのあら

たな気づきがあった。
- ★B男は「ぼくの名前は，お父さんがつけてくれました。それは……」と調べてきた内容を発表することで精一杯の様子であった。しかし，心の奥底では親へのインタビューの際，感じる何かがあったに違いないが，無意識の中に潜んでしまっているようだった。
- ★C子は「お母さんはわたしが生まれたとき，こわれそうなのでそっと手足にさわったと言っていましたが，どうしてかなと思いました」といった感想をもち，まだ親の気持ちを深く理解できていない様子も感じられた。

そこで，本時の道徳の時間の中では，A子のような気づきを促し，またその思いをさらに深め，他に広げていき，自分自身の生まれる「いのち」について見つめられるようにしたいと考えた。

本時では，資料自体が子どもに身近なドラえもんの話であったために，のび太くんに共感しながら考えやすかったようだ。とくに中心発問では，A子タイプの子どもを意図的に指名しながら，気づきがまだ十分でない子どもを揺さぶっていくことで，のび太くんを通して自分自身を見つめさせていった。

そのなかで，自分をふりかえる発問では，のび太くんやドラえもんとの時空の旅が，自分自身の旅となり，自分の誕生についても，家族に大切にされて生まれてきたことを反すうしながら，生活科での体験（家族へのインタビュー・発表会・訪問など）で感じたことを思い出すことができた子どもも多かったようだ。

③ 今後の活動との関連

「いのち」を見つめることは，今後，4年での「二分の一成人式」や6年での「卒業式」などの節目の時期に，価値ある豊かな体験と関連づけていくことでより強く，より深いものとなるだろう。同じインタビューをし，同じ答えを聞いても，聞いた年齢や状況で感じ方は違ってくる。そのとき，2年生の"今"と比べた心の成長を，道徳の時間に見つめることができる「自分」がきっといるに違いない。

2章 「いのち」を見つめる

参考

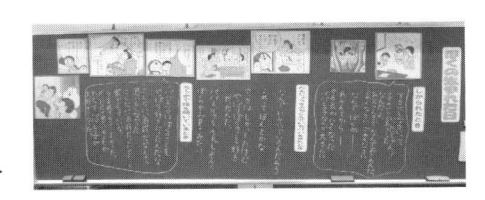

<本時の子どもの意識とその考察>

| 事前 | 誕生を喜んでもらい，うれしさと感動を感じていたA子 | 名前の由来等を調べまとめることに終始していたB男 | 愛情なのかな？当たり前のことなんじゃないかなと感じがちなC子 |

道徳の時間「ぼくの生まれた日」

中心発問
廊下でパパとママの話を聞いているとき，のび太くんは，どんなことを考えていたでしょう。

| 生まれてきてよかった！ | すごく考えてくれていたんだな。こんないい名前だなんて知らなかった。 | 家族っていいな。お父さんとお母さんが大好きになった。 |

自分をふりかえる
自分が生まれたときの話や小さかったときの話を聞いてどんなことがうれしかったですか。

| お父さんやお母さんが，だいじに，だいじに育ててくれたんだなと思いました。お母さんがわたしを生んだとき「世界一幸せ」と言ってくれてすごくうれしかったです。 | ぼくの名前は，お父さんがつけてくれました。やさしくて人に喜ばれることをするような人になるように，つけてくれました。この名前でよかったです。 | |

考察

| 資料中ののび太とは違って，A子の心情のスタートは，のび太が両親の愛情に気づいているところからだった。だからこそ上の中心発問時のように発言したのだろう。このたった一言に，「いのち」への喜びや尊さにつながるものが感じられた。自分をふりかえる発問での発言も他の子どもの考えを引き出すきっかけとなった。 | 授業中，ずっと名前のことに固執しているものの，自分の体験活動の中のいちばん印象的な事実（名前）について発言している。ふりかえりでの発言は，生活科でまとめたときには意識に十分に上らず発表しなかった内容を思い出し，自分の誕生への期待や喜びを感じることができた。 | 静かに考えることの多い子どもだが，授業後の感想には「のび太くんの話を聞いて，わたしもそうやってかわいがられていたんだと思った。お父さんやお母さんに『今もかわいい』といわれてうれしかった」とあり，発言はなかったものの，資料や友達の発言を通して，自分自身をふりかえることができていたことがとらえられた。 |

（大家幸栄）

◆ 子どもが「いのち」を見つめる授業実践＜3＞

かけがえのない命を自覚する

● 中学年〔生命尊重〕の実践
● 中心的な資料　絵本『わたしのいもうと』

かけがえのない「いのち」を見つめる

　いのちが「かけがえのない」ものであるのは，一人一人のいのちが他をもって代えることができないものだからである。自分の存在は，身近な人々にとって価値ある日常生活を送る喜びの根源になっている。そして，身近な人の存在もまた，自分にとって同様の意義をもっているものである。そのようなかけがえのない「いのち」に対する思いを確かなものにしていくために，自分や身近な人が日々生き生きと生活することの素晴らしさ，大切さについての自覚を促していきたいと考える。

自己を見る目を豊かにする主な手だて

1　いのちについて心が動かされた本の紹介

　　朝，読書の時間等を活用し，生きていることの喜びやいのちの大切さについて心が動かされた本を紹介しあう。絵本などの作品は，実際に読み聞かせを行い，感想を話し合い，いのちに対する見方や考え方を深めるようにする。

2　心が動かされた絵本を資料として活用する

　　子どもの心に残った絵本『わたしのいもうと』を資料として活用する。絵本は挿し絵も登場人物の心情把握に重要な役割を果たす。そこで，挿し絵の画像をパソコンに取り込み，読み聞かせの際にパソコンを活用し，資料提示を工夫するようにした。

第4学年　道徳学習指導案

1. **主題名**　かけがえのない「いのち」

【内容項目　中学年：生命尊重】

2. **中心資料名**　絵本『わたしのいもうと』(松谷みよこ文　味戸ケイコ絵　偕成社)
3. **ねらい**　自分や周囲の人のいのちのかけがえのなさに気づき，いのちを大切にしようとする心情を養う。
4. **資料について**

　本資料中の妹は，四年生のとき，転校した小学校でいじめにあい，学校へ行かなくなり，食事もとらなくなってしまう。母親の必死の看護で命は取りとめるが，一日じゅう部屋から出ず，心を閉ざしてしまい，亡くなってしまうという話である。「むこうをむいたままふりむいてくれない」妹の心情，それを黙って見つめることしかできない母親の悲痛な気持ちに共感し，「生きていること」とはどういうことなのかを考え，生きることの大切さを感じとらせたい。

5. **「いのち」をより深く見つめるために**

(1)　子どもの思いをもとに，「いのち」について考える場の設定

　11月の下旬頃，清掃時間が終わり，担当の保健室からある女児が本を抱えて戻ってきた。そして，開口一番「先生も読んでみて」。題名は『わすれられないおくりもの』(スーザン・バークレイ作・絵　小川仁央訳　評論社)。本を受け取り，どこがよかったのか聞いてみると，「主人公のあらいぐまは死んでしまうけれど，悲しくない。それはあらいぐまのやさしさが，みんなの心の中に生きているからだと思う」との感想を，たどたどしい言葉で話してくれた。周りの子どもたちも，「この本，よかった」「これもいいけど，保健室の本では，『100万回生きたねこ』が好き」と話に加わってきた。子どもたちの話を聞いていると，保健室にはいのちにかかわって心に残る本が多くあり，借りて読んでいるという。

　そこで，いのちをテーマに「心に残った本」を朝，読書の時間に紹介しあい，感想を述べあうことを子どもたちと相談し，行うことに決めた。

(2) 子どもの紹介した本と主な感想の紹介

　紹介しあう活動のなかで，子どもたちは次のような本やその感想を交流していた。

◎『100万回生きたねこ』（佐野洋子作・絵　講談社）
　　C：100万回生きたのはすごい。でも，何で最後に生き返らないのか，わからない。
　　C：奥さんの白いねこが死んじゃって悲しかったからだよ。
　　C：自分より白い猫を大切に思っていたからだよ。自分だけ，生きていても悲しいからだよ。

◎『くまのこうちょうせんせい』（こんのひとみ作　いもとようこ絵　金の星社）
　　C：この話は，本当にいた校長先生をもとにして書いた本なんだよ。病気で死にそうになっても，子どもたちにいのちの授業をしたんだって。（この本を紹介した子どもの話）
　　C：自分の病気よりも，ひつじくんのことを考えているなんて，やさしい校長先生だと思う。

◎『ずーっと　ずーっと　だいすきだよ』（ハンス・ウィルヘルム作・絵　久山太市訳　評論社）
　　C：（エルフィーは，死んだけれど）きっと，ぼくの心の中ではずっと生きているのだと思う。
　　C：わたしも，飼っていたうさぎが死んじゃったとき，本当に悲しかった。他のうさぎを飼っても忘れられなかった。

　このような紹介しあう活動を通して，「いのちは大切」という観念的なとらえでなく，いのちは，登場人物（動物）の存在と深いかかわりをもち，代えがたいものであることを漠然とであるが自覚する子どもが増えてきた。本時の資料も子どもが紹介しようとした作品であった。しかし，かけがえのないいのちを自覚するための資料として適切ではないかと考え，道徳の時間の中心資料として扱うことにした。

2章 「いのち」を見つめる

6　本時の流れ

	学 習 活 動	教師の手だて
導入	1．詩「赤ちゃん」を聞く。 　　　　赤ちゃん　　　（学級の子どもの作品） 　　弟が生まれた 　　ほっぺが　りんごみたい 　　さわると　プニプニあたたかい 　　だっこすると　ニコニコ笑顔 　　しがみついてくる　かわいいな （詩をもとにして話が広がる） ・赤ちゃんは，かわいいよ。 ・赤ちゃんは，大事にしないとこわれそう。 ・兄弟は，けんかもするけどいいよ。 ○この挿し絵を見て，どんな感じを受けますか。	◇友達の詩を聞き，話し合うことで，新しい命にふれた喜びや兄弟姉妹のいるよさを想起する。 ◇兄弟のよさの話の後に，振り向いてくれない後ろ向きの「いもうと」の挿し絵を提示し，イメージを話し合うことで資料への導入を図るとともに展開前段の発問へと意識がつながるようにする。
展開前段	2．絵本『わたしのいもうと』を聞く。 　○お話を聞いて思ったことを発表しましょう。 　○振り向いてくれないいもうとは，心の中でどんなことを思っていたでしょう。それぞれの場面で考えてみましょう。 　①転校した学校でいじめにあったとき。 　・からかわれたり，ばかにされて悲しい。 　・もう学校なんか行きたくない。 　②ごはんも食べず，口もきかずに学校へ行かなくなったとき。 　・もうだれともしゃべりたくない。 　・何も食べずに死にたい。 　③ずっと部屋に閉じこもって，本も読まずにだまってどこかを見ているとき。 　・何もしたくない。 　・自分なんかいなくてもいい。	◇挿し絵をパソコンに取り込み，スクリーンに映し，BGMを流しながら読むことで，登場人物の心情をとらえやすくする。 ◇子どもの感想に合わせ，挿し絵を掲示する。そして，いもうとが振り向いてくれないさまざまな場面の挿し絵に着目し，その場面の登場人物の心情を考えていくようにする。

	④折り紙を折るようになったときの，折り紙を折るお母さんの気持ち。 ・気持ちをわかってあげたい。 ・いもうとが，かわいそう。	◇④で，母親の気持ちを考えることにより，かけがえのない娘が変わってしまった悲しい気持ちをとらえられるようにする。 ◇いもうとの悲しみをふりかえり，最後の手紙を読み聞かせた後に「生きている」とはどのような姿であるのか補助発問によって想起するようにし，展開後段に進むようにする。
展開後段	3．命の大切さについて考える。 ○「いのちを大切にして生きる」とは，どのようなことでしょうか。 ・毎日を，明るく元気に過ごす。 ・けがや病気にならないようにする。 ・人を悲しませない。	◇ワークシートに記述し，自分は「いのちを大切にして生きているか」についてふりかえるようにする。
終末	4．教師の説話を聞く。 ○話を聞いて考えをまとめましょう。 （いのちを大切にして生きることは，周囲の人にとっての喜びにもつながることであるという教師の体験を聞く）	◇自分のいのちは，他の人にとってもかけがえのないものであることを意識できるようにする。

7　本時の評価について〔文末の（　）は評価の方法〕

(1) 向こうを向いたまま振り向かない，いもうとの気持ちを理解し，共感することができたか。（展開前段の発言の内容等から）

(2) いのちのかけがえのなさに気づき，いのちを大切にして生きようとする心情が深められたか。（ワークシートの記述等から）

「いのち」を見つめる子どもと教師のかかわり

1 事前の子どもの様子から

本時の前に，生命尊重を主題とした授業を行った際に，展開後段に「いのちは大切だと思ったことがあるか。それはどんなときか」と問いかけた。そのときの子どもたちの発言は次のようであった。

(11月中旬実施)

＜命が大切だと思ったとき＞	人数
飼育しているペット（生き物）が死んだとき	8人
けがをしそうになったとき（車にぶつかりそうになった。階段から落ちた）	8人
けがや病気になったとき	3人
祖父母（近親者）がなくなったとき	3人
テレビで人が死ぬのを見たとき	1人
命は大切だと思う（どんなときかは記述なし）	4人

多くの子どもは，ペットが死んだとき（地域的に昆虫や金魚などが多く，犬などの動物の飼育の経験はほとんどない）や自分の健康・安全が脅かされたとき（けがをしそうになったとき）にいのちの大切さを感じたと答えている。しかし，近親者が亡くなる，病気になる，自分のけがや病気を近親者が心から心配するなど，自分や身近な人にかかわることを通していのちの大切さを感じた経験をもつ子どもが少ない傾向が見られる。そこで，本時では，「命を大切にして生きる」ことを自分や身近な人の存在から問いかけていきたいと考えた。

2 授業記録から

(1) 導入の後半で

この子はわたしのいもうとであること，向こうを向いたまま，振り向いてくれないこと等を本文をもとに紹介したあと，発問をした。
T：このいもうとの絵を見て，どんな感想をもちますか。
(口々に)C：暗い。 C：さびしい。 C：ひとりぼっち。 C：心を閉じている。
T：今日は，この向こうを向いたまま振り向いてくれない，いもうとの気持ち

を考えていきたいと思います。
  (2) 読み聞かせの後で
 T：どうでしたか。お話を聞いて感じたことを話してください。
 Ｃ１：いもうとは、いじめられて学校へ行かなくなった。かわいそう。
 Ｃ２：とびばこができなかったりするだけで、からかうなんてひどい。くさい、ぶたなんて人間として言ったらいけないこと。かわいそう。
 Ｃ３：ごはんも食べられなくなるなんて、死にたいぐらいの気持ちだったと思う。
 Ｃ４：４年生のときのいじめで、中学生になるころも部屋に閉じこもって、だまってどこかを見ているなんて、よっぽど心が傷ついたんだと思う。
 Ｃ５：スープをむりやり食べさせたり、泣きながら鶴を折ったりするなんて、お母さんもかわいそう。
  感想にかかわる挿し絵をすべて提示し、その後「振り向いてくれない」場面の挿し絵のみ残し（板書の写真参照）、発問場面を焦点化した。

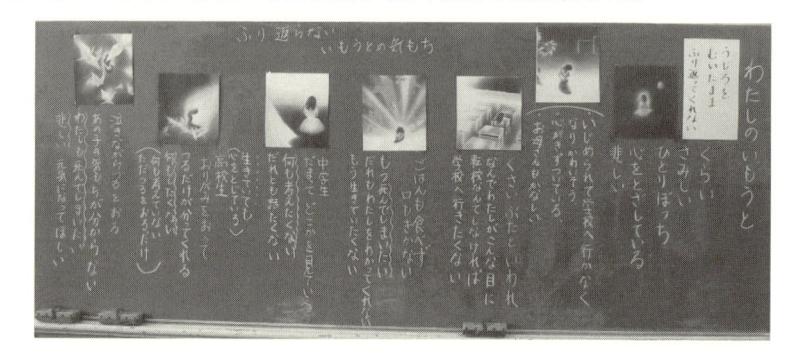

  (3) 展開前段の終わりで
  いもうとの最後の手紙を読み聞かせたあと、感想を聞いた。
 Ｃ６：友達とも遊びたかったはずなのに。
 Ｃ７：いじめた子をうらんでいると思う。
 Ｃ８：いじめられて、死んでしまってかわいそう。
 Ｔ：「死んでしまってかわいそう」という意見があったけれど、ふりかえらな

かったいもうとは，どんなふうに「生きている」と言えるのかな。
C9：生きているけれど，思いきり生きることができていない。
C10：生きているって，元気に生活しているってことだと思う。
C11：いじめられてからは，ずっとつらい気持ちで生きていた。
C12：遊んだり，勉強したり，自分の好きなことをしっかりとやったりすることができないのは，いじめられて心が抑えられているからだと思う。
C13：生きていても，自分の心が生き生きとできないのだと思う。

(4) 展開後段の中で
T：みなさんは，いもうとのお話を聞いて，「いのちを大切にして生きる」ってどんなことだと思いますか。自分ではできていますか。
【ワークシートに記述した内容から】
C14：病気や交通事故にあわないように気をつけることだと思う。前に，自転車で交通事故にあったとき，いたくてこわくて死にそうだった。お母さんも大泣きしていた。そのとき，「生きていてよかった」と思ったし，お母さんの顔を見て「ごめんなさい」と思った。
C15：人をいじめたりしないで仲よくすること。自分では，できていると思う。
C16：おじいちゃんが亡くなったとき，お母さんとおばあちゃんが泣いていた。ぼくも泣いた。命は大切だと思った。
C17：本の中のいもうとが口もきかないのは，いじめられたからだけど，家の人も悲しんでいるし，いのちを大切にしていない（大切にできなかった）と思う。ぼくは，これからいのちを大切にして元気に過ごしたい。

3 授業後の考察
　資料での話し合いは，いじめにかかわる意見も多く出た。しかし，いのちを大切に生きるとは，日々，健康や安全に気をつけながら元気に過ごす，人が悲しまないように生きる，また，それらを自分なりに実行しているなどとする考えの発言が多かった。この学習を通して，一人一人が生き生きと生きることが，かけがえのないいのちを大切にすることであると考える子どもが増えてきたのを実感することができた。

(川島丈典)

◆ 子どもが「いのち」を見つめる授業実践＜4＞

今を最高に生きる

●中学年〔生命尊重〕の実践
●中心的な資料 「人間愛の金メダル」

今を最高に生きる「いのち」を見つめる

　いのちを見つめることの一つは，有限性を実感することにある。今の積み重ねが1日となる。1日の積み重ねが1週間となり1か月となり1年となるのだ。そして，やがて人生といわれる時間の総体となる。この「今」の充実した連続の積み重ねができてこそ，豊かな人生を創れるのではないだろうか。つまり「今」というこの瞬間や今日一日をいのちを燃やして「最高に生きる」ことができたら，最高の人生を生きることにつながると考える。目の前のことに憂うるだけでなく，まず「今」に全力を注いで集中し，いのちを輝かせ，最高に生きようではないか。

自己を見る目を豊かにする主な手だて

1　心に響く資料との出合わせ方の工夫

　まず，授業者自身が心から感動する教材を選定したい。「人間愛の金メダル」は実話であり，インパクトがある。アテネオリンピックの記憶も新しくタイムリーな資料提示ができる。また，導入において30秒に編集したビデオとBGMとして波音を生かす。

2　自己を語る「役割演技」の工夫

　役割演技のなかでも，自己の内部の対立を見つめることができる二重自我法「二人の自分」により展開する。

3　総合的な学習の時間及び他教科との関連

　日常を耕す視点を体験や追究活動などとの関連から広範に見つめさせる。

第4学年　道徳学習指導案

1　主題名　今を最高に生きる

【内容項目　中学年：生命尊重】

2　中心資料名　「人間愛の金メダル」(『どうとく4　ゆたかな心で』東京書籍)

3　ねらい　役割演技等で効果的に自己を見つめることを通して，生命の尊さを感じとり，自他の生命を大切にしようとする心情を育てる。

4　主題設定の理由

(1)　価値観

　今まさに生の真っただなか・育ち盛りにある子どもたちにとって，生命の尊さに真に直面する機会は少なく，「生命を大切に」と言葉で聞いてもなかなか実感が伴わないものである。子どもが生命を尊重する心を深めるためには，多くの人や動植物などと進んでかかわるなどの体験活動と，道徳の時間における内省との連動からくる「相手を自分と同じように尊重し，理解しようとする心情の深まり」が必要であると考える。しかし今，人間関係の希薄化が懸念されるなかにあって，自他の関係以前のもっと基本的な自他の生命にかかわる子どもたちの価値観の把握と育成は，大人が考えるよりもさらに重要性と緊急性を増している課題となっているのではないだろうか。

(2)　子ども観

　連日のように報道されている「生命」にかかわる事件や災害について，誰からともなく朝の会で話をするなど，多くの子どもが憤りや悲しみ，あるいは戸惑いをあらわにしている。4年生といえども，「生命」の大切さについては，自分なりに真剣に考えている子どもが多いが，同時にやはり発達段階的な理解なのか，「生命尊重」の精神を別格なものとしてとらえる傾向も強い。つまり，自分たちの日常と「生命尊重」の場面とは必ずしも同一次元でつながっているとは限らないのである。互いの存在を認め，人格を尊重するところに「生命」レベルから互いを尊重する精神，すなわち「生命尊重」の精神が培われると仮定するならば，ときどき相手の心を傷つけてしまったり，自分の好き嫌いにとらわれて判断し行動したりするところのまだ多く残る子ど

もたちには，この日常からの気づきと結びつけることが「生命尊重」の第一歩と考える。

(3) **指導観**

本時は，役割演技を中心とした授業展開とする。資料における葛藤場面をリアルに再現させるため，本資料のオリンピックに出場する選手に十分に自己を関与できるように，国の代表として，勝つことが至上命令ともいえる重大な責務を背負って出場している各選手の立場をいかに理解させるかが展開段階での重要ポイントである。

5 他教科や領域との関連について

人間の生死にまつわる喜びや重さ，生きることの尊さをさまざまな視点から考えたり，感じたりするために，かなめとしての道徳の時間の充実はもちろんのこと，年間を見通した，関連する価値項目の複数時間の指導や総合的な学習の時間，国語，特別活動などでの指導，及び日常の小動物飼育や家庭でのかかわりなどと多角的に関連を図るようにする。

「今を最高に生きる」の関連的指導の構想

	道徳教育 図書館司書との交流	道徳教育 バリアフリー発表	道徳教育 地域講師を招いた授業
総合的な 学習の時間	●ぼく，わたしの 　オリジナルテーマ	●共に生きる	●今，自分にできること 　自分らしく生きる・伝え合う心
道徳の 時間	『心のノート』 「病気の人を助けたい」 「一人ぐらしのおばあちゃん」	「バルバオの木」 「いつかにじをかける」 『心のノート』	『心のノート』家庭との連携 「人間愛の金メダル」（本時） 関連価値「やさしいなみだ」
国語や 特別活動等	○「体を守る仕組み」 ○1分間スピーチ	○「十さいを祝おう」 ◇音楽会・宿泊学習	○「手と心で読む」○「ごんぎつね」 ◇6年生を送る会　◇タイムカプセル
	運動会 保護者への発表	沖縄舞踊エイサー 1泊2日の集団宿泊訓練	手話・点字の体験教室 保護者参加型授業公開

6　展　開

段階	学習活動・内容 ◇基本発問　◆中心発問	教師の指導・評価 ◎全体に　○個に　＊評価
導入	1．補助資料（ビデオ）の提示により，オリンピックの背景をとらえる。 ◇オリンピックについて知っていることを発表してみましょう。	◎総合的な学習の時間における事前体験を生かし，中心価値への問題意識を高める。 ◎オリンピックは国を背負って参加するという重責や意気込みの度合いを確認する。
展開前段	2．資料「人間愛の金メダル」を読んで話し合う。 (1)　キエル兄弟の意気ごみについて ◇キエル兄弟は，どんな気持ちでスタートしたのでしょうか。 (2)　海に投げ出されたウィンター ◇倒れたヨットにつかまったまま，ダウ選手はどんな気持ちでしたか。 (3)　キエル兄弟の葛藤について ◆目の前で選手が海に落ちたのを見たキエル兄弟はどんなことを考えたでしょう。 (4)　キエル兄弟の決断について ◇どんな気持ちから助けたのでしょう。	◎当日の荒れた海の状態をより効果的に印象づけるため，波音を活用する。 ◎導入のビデオから受ける選手の闘志とキエル兄弟の意気込みのイメージを重ねられるようにする。 ○資料の正確な読み取りを促すため，ヨットなどの資料を提示しながら発問する。 ◎緊急事態のなかでウィンター選手の命を心配するダウ選手に十分に共感させる。 ◎波音を高くし，臨場感を高めさせたうえで役割演技を実施する。 ◎一方の意見のみが出されて，葛藤が成立しにくい場合は，教師が片方の役になり，対話にかかわるようにする。 ＊生命が何よりも優先されるものであり，大切にする行為の重みを感じられたか。 （役割演技）
展開後段	3．今までの自分をふりかえる。 ◇命が大切だと強く感じたことにどんなことがありますか。	◎役割演技の際に気づいたことをきっかけに，自分の日常をふりかえられるようにする。 ○事前の意識調査や体験メモをもとに個別に話しかけながら，ふりかえりをさせる。
終末	4．教師の説話を聞く。 ◇心に宿る「いのち」について考えてみましょう。	◎有限の「生命」を「今を最高に生きる」力に転換するための着眼になることを願う。

「いのち」を見つめる子どもと教師のかかわり

1 事前の子どもの様子から

下の図は、総合的な学習の時間における自分の生き方を考える学習「今、自分にできること」のなかで、子どもが描いた「生命」「いのち」にかかわるイメージマップの一つである。ここから、子どもたちの多様なイメージの広がりをつかむことができた。

● 「命」という言葉からあなたは何をイメージしますか。または、「命」ということについて、あなたが考えていることを自由に書いてください。

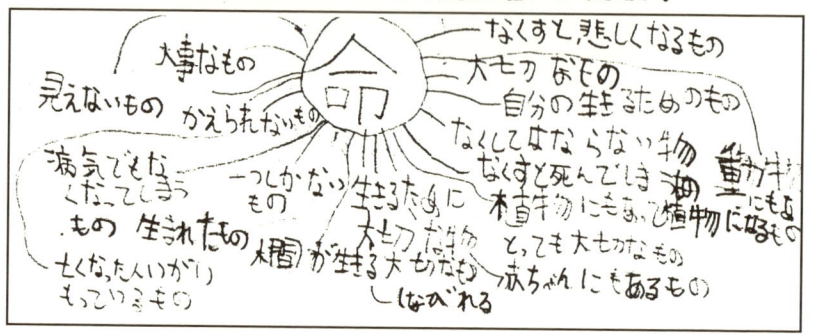

2 役割演技での子どもたちの葛藤場面の様子から

＜第1段階：学級全体としての役割演技　第2段階：ペアによる二重自我法＞

～役割演技第1段階（1）指名された子ども同士とフロア～

T：海に投げ出されたウインター選手を見たキエル兄弟はどんなことを考えたでしょう。＜一人をスリグ，一人をラースとして指名＞

C：どうする，スリグ。　C：助けなくちゃ，だめだよ。

C：そうだよな，命が大切だもんな。

T　＜遠くから海に落ちたウインターを呼ぶダウの叫び声を挿入＞

C：早く，早く助けるぞ。

C：早く，ウインターを助けなきゃ。

～役割演技第1段階（2）指名された子どもと教師との役割演技とフロア～

T：次は〇〇さんがスリグです。そして先生がラース。

T：どうするんだ，スリグ！＜BGMの波音を高くして＞
C：どうするって，助けるに決まってるだろ！
T：よく考えてみろ，救助はぼくたちの役目じゃないよ，ここで助けるために止まったら絶対に遅れるよ。レースはどうするんだよ。
C：そうだとしても，今，ぼくたちが助けなくちゃ，命がなくなるんだ。メダルは確かにほしい……。だけど，やっぱり命が先だろ！
T：どうやって助けるんだ？　この荒れた海だぞ，だいじょうぶか？
C：だいじょうぶだ，探すんだ！

～役割演技第2段階　分身カードを使った二重自我法「二人の自分」～

T：次は，分身A，Bを使い，ペアでラースとスリグになってみましょう。
C：ラースA　たしかに早く助けなくちゃ，命があぶないよ。早く！
　　ラースB　だけど……。もう金メダルはとれないんだな……。
C：キエルA　ゆっくり考えているような時間はないんだ，早く助けるぞ。
　　キエルB　金メダルの夢。本当にいいんだろうか……。
C：ラースA　早く，ウインターを助けないと死んじゃうよ。
　　ラースB　助けるっていったって，この海で探すのはちょっと大変だよ。もしかしたら，助けることができないかもしれないぞ。
C：キエルA　本当だ。ウインターを助けるぞ！
　　キエルB　ぼくたちも落ちないようにしないとこわいな。だれかに手伝ってもらったほうがいいんじゃないかな。
C：ラースA　迷っているひまにウインターが死んじゃうよ。助けるぞ！
　　ラースB　オリンピックも大事だったけど……。
T　＜自らも分身カードを持ち，ペアにときどき入りながら。Aの思いの表出には，どちらかというとプラス志向の思いをスピーディーに語り，Bの思いの表出には，どちらかというとマイナス志向の思いをスローに語って表現するこ

とで,分身カードのよりよい扱いを促し,自己を語らせるようにする>
　3　子どもたちにとっての「生命」と「命」そして「いのち」
展開後段:「今までの自分をふりかえる」段階の子どもたちの様子から
　「今までに,命が大切だと強く感じたことはありますか」という発問に対して子どもたちは一斉に口を閉ざした。直前までの役割演技と対照的かつ極端ともいえる<動から静へ>の子どもたちの変化があった。「発表しなくてもいいので〜」と付け加えたところ,子どもたちの中で何かが緩んだのを感じた。その後,自分自身の事前体験シートに目を通す子どもたちの横を回っていたところ,「先生,うちのお父さん,おぼれていた子どもを助けたんです」,「去年○○君が車にぶつかって自転車で転んだとき,じつはぼくも一緒にいました」,「うちのお母さんと車に乗っているとき,前の車が高校生をひいたのを見たことがあります」と次から次へとそばに来ては耳打ちするように話しかけてきた。しかも,どれもはじめて聞くような話ばかりであった。つまり,子どもたちにとって「生命」にかかわることは,4年生の発達段階では,表現する上で困難がある場合が多いだけで,じつは意識の深層部においてはそれぞれにきちんと感知していることなのかもしれないと感じた。それだけに大人が思う以上に,「生命」,とりわけ人の「命」については,自分とのかかわりが強いほど,内的・個別的であり特別なものとしてとらえているのかもしれない。以下の日常の作文にも,子どもたちの今現在の「生命」に対する意識を知る手がかりがある。

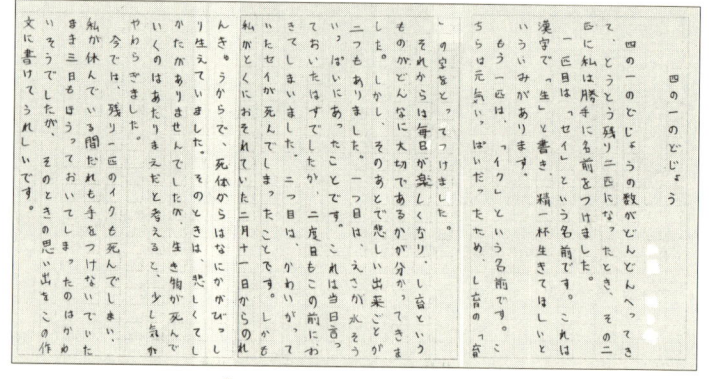

「4の1のどじょう」日記から

2章 「いのち」を見つめる

◇子どもたちのとらえ方の例◇

　生　命……あらゆる動植物の生命・受け継いでいく生命
　　命　……主に人としての命
　いのち……心に宿るもの　※人と動物との相違観も存在する。

参考

● 中心資料「人間愛の金メダル」の概要

　第18回オリンピック東京大会のヨットレースでの実話である。ヨットレースの最中に海に投げ出された一人の選手を見た後続のチームが，救助を第一としたうえ，レースも完走するという話である。

● 本時の板書結果より

　外国の選手の名前やヨット名，出身国などが羅列されわかりにくいので，右（写真）のように位置関係をビジュアルに示すと理解しやすいと思われる。

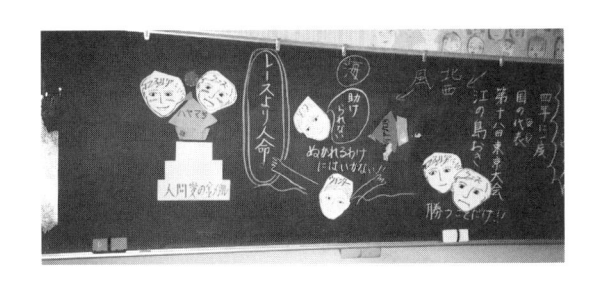

● 総合的な学習の時間とのかかわりから〜より多くの大人モデルを示す〜

　「今，自分にできること」というテーマのもと，理容師神田秀人氏をお招きして，生き方を考える時間にも結びつく交流体験学習を実施した。

　子どもたちに実際に活躍している大人モデルを示すことの大切さとインパクトの大きさを実感した。

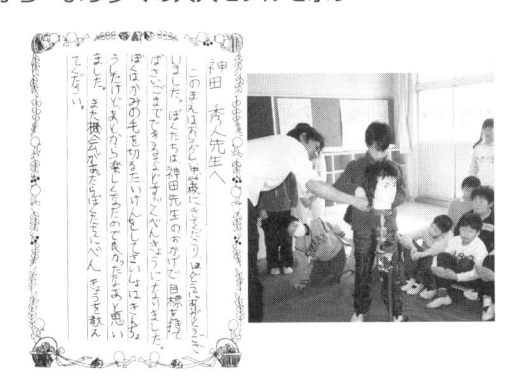

（平野美和）

101

◆ 子どもが「いのち」を見つめる授業実践＜5＞

共に支え合い，輝くいのち

- 高学年〔生命尊重〕の実践
- 中心的な資料　ビデオ「限りあるいのちからの学び」

輝かせる力を実感できる「いのち」を見つめる

　いのちが限りあることを実感するとき，人は，いのちを輝かせる力を内から湧き上がらせる。苦しみと向きあい，苦しみのなかで自ら幸せをつくる力を発揮する。その力が湧き上がるには，周りの人々の温かい支えが必要であり，"支えられている"ことを実感できる「心の視力」が本人になければならない。余命幾ばくもないことを告げられた人々の"いのちの輝き"から学ぶことは多いが，子どもに学べる「心の視力」をつけさせるためには，生命尊重，自然愛，畏敬心，感謝の心，思いやり・人間愛，明朗・誠実等の内容の道徳授業の積み上げが大切である。

自己を見る目を豊かにする主な手だて

1. 道徳授業の積み上げ……生命尊重に関する幾つかの授業（自然愛・畏敬心，感謝の心，思いやり・人間愛，明朗・誠実等の内容の道徳授業）の中で見せた子どもの価値観を生かす授業の計画をする。意図的な指名の計画ももつようにしたい。
2. 一人一人のもつ各種の体験を生かしたり，総合的な学習の時間等で見られる価値観の育ちを生かした指導過程を計画する。
3. 一人一人の価値観の違いを生かした，学びあいのある指導過程を計画する。「級友と学びあってきたことは？」と発問し，子どもたちと共に板書する。

第6学年　道徳学習指導案

1. **主題名**　共に支え合い，輝くいのち

【内容項目　高学年：生命尊重】

2. **中心資料名**　ビデオ「限りあるいのちからの学び」

(『ホスピスから届いたいのちの授業』TDK)

3. **ねらい**　苦しみに向きあうなかで，今を大切に生きる力が湧くことを実感し，いのちを輝かせて生きようとする心情を育てる。

4. **主題設定の理由**

(1)　少年による傷害事件が報道されるたびに，「いのちの大切さ」を伝える必要性が叫ばれている。いのちを粗末にする行為を冷静に見つめる余裕がなく，自分が苦しくて，誰かを，あるいは自分自身を傷つけずにはいられない状況に陥ってしまう結果であろうか。事件を起こす起こさないという以前に，自分の人生の途上で，私たちは多くの苦しみや挫折に出合う。子どもも高学年になれば，然りである。こんななか"苦しみに真正面から向きあって，出会う人々と支え合って生き抜こうとする力"を育むことの大切さを痛感する。

(2)　中心資料「限りあるいのちからの学び」（ビデオ）には，いのちが限られるという極限の苦しみのなかにあっても，今を大切に生きようとする人々がいる。いのちが限られる人を中心に，かかわる人々が互いに支え・支えられ，輝きあっていることがよく実感できる。感動の整理・深化・波及を大切にしたい。

5. **「自分」をより深く見つめるために**

◇　"いのちが限られるという極限の苦しみ"のなかで，人は"その苦しみを積極的に受け入れていくという輝き"を見せる。この苦しみと向きあう心境では，畏敬心・崇高な生き方や，自他への誠実・明朗さに関する内容が必要になる。また"生きている自分は多くの人々や自然の力に支えられている"という実感には，自然愛や，支えられていることへの感謝の念，人間愛，人類愛，家族愛等の内容がかかわる。これらの道徳授業の充実・積み上げを大切にしたい。

子どもが本時を迎えるために積み上げ効果をねらって行った道徳授業

- ❖ 精一杯生きる命『いろんなものがきれいに見えるよ』（小学館）
  <生命尊重>：いろいろな生命にも目を向け，命を一生懸命生きる。

START

- ◆ 自他に誠実に「心のししゅう」（文科省『指導の手引き1』）
  <明朗誠実>：誠実な生き方を求め，互いに支え合って生きる。

- ◆ 支えられている自分『マリの町のちわばあちゃん』（小学館）
  <尊敬感謝>：支えられていることに感謝し，応えようとする。

- ◆ 自然の息吹を感じて『文字のない絵本』（宮川ひろ：ポプラ社の絵本）
  <自然愛>：大自然の息吹を感じ自然の一部である自分を感じる。

- ◆ 家族のために『とうちゃんのトンネル』（原田泰治：ポプラ社の絵本）
  <家族愛>：家族を愛し，家族の一員である自覚を深める。

- ◆ 誰もが求める愛を「マザー・テレサ」（文科省『指導資料とその利用4』）
  <人間愛・人類愛>：誰もが求める愛，生きる喜びを見つめる。

GOAL＝本時≪積極的な生き方としての生命尊重≫＝START

- ❖ 共に支え合い，輝くいのち「限りあるいのちからの学び」（TDKビデオ）
  <生命尊重>：苦しみに向きあうなかで，今を大切に生きる力が湧くことを実感し，いのちを輝かせて生きようとする。

2章 「いのち」を見つめる

◇総合的な学習の時間で,「自然の息吹！ わくわくチェック」「発見！ ダイズパワー」のテーマのもと,体験活動を進めている。そこでの自然愛・郷土愛・尊敬感謝・生命尊重に関する価値観の深まりを効果的に生かしたい。

◇"いのちが限られるという極限の苦しみ"は,子どもには追体験しかできない。しかし周囲の人の死に出会うなど,いのちについて深く考えざるを得ない体験をもっている子どもは数人いる。また自分自身のことで,挫折感をもつ子どももいる。これらの子どもの発言を生かす指名計画をもちたい。

6 本時の流れ

機階	学 習 活 動	教師の手だて
導入	1．マザー・テレサの作った「死を待つ人の家」から,ホスピスの紹介をする。	・前時に教師が感動した話題から価値への方向づけをする。
展開前段	2．中心資料「限りあるいのちからの学び」を視聴する。 ①心に残ったことや場面は何か。 　㋐患者さんに励まされている看護婦さん。 　㋑「赤ちゃんがいてくれて幸せ」というところ。 　㋒おじさんの書いた最後のメッセージ。 　㋓腕時計の話。 ②どうしてそこが心に残ったのだろう。 　㋐「そばにいてくれるだけでいいんだよ」と言われる。そういうことが大事なこと。 　㋑「なにもできない赤ちゃんだけど,あなたがいてくれるだけで幸せ」はわかる。 　㋒「ただ生きているだけでいい」は,あのおじさんの言葉だから,わかる気がする。 　　→"生きていること"をもっと感じたい。 　㋓おとうさんの腕時計だから大切にする。	・感動の整理・深化・波及を大切にした発問をする。 ・感動の整理の発問をする。 ・言葉にしやすい場面等をあげさせ,感動したことを話し合うきっかけとする。 ・感動の深化の発問をする。 ・①で出たことに対してどんな内容に感動したのかを掘り下げて話す。 ・掘り下げながら,③の内容になることもある。子どものそのときの状態に合わせて対応したい。 ・㋐や㋓については,「マザー・テレサ」の授業で感動したA児やB児を生かす。

	誰もが大切にされることをもっている。 　　　→"自分の価値を感じて"生きたい。 　③話し合いで学びあったことは何か。 　　㋐→人は大切にされて幸せを感じる。 　　㋑→家族（人）の命はかけがえのないもの。 　　㋒→自分に誠実に生き抜くことが大切。 　　㋓→人としての価値を見つめて生きたい。	・感動の深化・波及の発問をする。 ・教師が子どもとともに整理し，まとめる。 ・展開後段でも活用する。
展開 後段	3．「生きていてほしい！」と思ったことは。 　・人命に関するテレビのニュースを見て。 　・家族が病気になったとき。	・事例とそれにまつわる思いを出し合わせ，みんなで学びあう。
終末	4．井村和清氏が＜新年の贈り物＞として書いた「あたりまえ」という詩を紹介する。	・癌の再発を知った井村和清氏の思いを知らせ，まとめる。

7　本時の評価について

○苦しみや挫折に出合ったとき，苦しみから逃げずに苦しみに向きあうなかで，今を大切に生きる力が湧くことを実感できる。

○人としての価値を見つめあい，互いにいのちを輝かせて生きようとすることの大切さが実感できる。

「いのち」を見つめる子どもと教師のかかわり

1　道徳授業の着実な積み上げ効果と事前の子どもの様子

　前時に，「誰もが求める愛を『マザー・テレサ』」の授業を行っている。このとき子どもたちが最も感動したのは，テレサが最期のときは人間らしく安らかに過ごせるようにと願って，家（＝「死を待つ人の家」）を作ったことである。

　授業者は教育実習生。終末で，全くの成り行きで思わず尋ねた「一つだけ聞いてみたい。人として一番大切なことは，なんだと思う？」の問いに，「自分のできることで，何か人の役に立つことをしていくことだと思う」，「自分の周りの人に，その人のためになることをしてあげることだと思う」，「人の喜ぶことができることだと思う」等の発言が続いた。この発言に教師が感動し「死を

待つ人の家」のことを告げて，終末のまとめとした。そのとき参観していた私は，精一杯生きる命「いろんなものがきれいに見えるよ」の授業以来，いつかはしてみたいと思っていた「死を見つめる，生命尊重の授業」を行う時期がきたと感じた。授業後，道徳授業の着実な積み上げの効果は大きいと感じた。生命尊重の価値観は，いろんな価値観の成長のもと，自覚が広く深くなる。

2 実際の道徳授業

<導入で，すべての子どもたちを土俵に>
　ありのままを子どもたちに伝えることで，ねらいとする価値へ方向づけた。
T：「『マザー・テレサ』の授業はすばらしかった。終わりにみんなは，『死を待つ人の家』のことを話題にしました。じつは，今日の授業は，あのとき決めたんです。『死を待つ人の家』，つまり，ホスピスというところに入っている人のことを……」教師のこの話に，子どもたちはシーンとした。

<展開前段での話し合い>
T1：心に残ったことや場面は，どんなことですか。
C1：「最後の治療」という詩があって，その詩がすごいなあと思った。とても苦しい治療だろうけど，負けないところがすごい。最後まで頑張った。
C2：病院のいろんな人々に支えられて頑張る。とてもいいなあと思う。
C3：在宅ケアを受けている人，「生きていることこそ価値がある」と言っている。そのことがすごいなあと思う。
C4：いのちがなくなることが見えてきたときにやりたいことが出てくるというところがとても考えさせられる。
C5：病気だとか，いのちがなくなるかもしれないというときにならないと，自分のことを真剣に考えられないのかなあと思った。それじゃ駄目なんだけど。
T2：本当は，誰でも，ずっと生きていられるわけじゃないのに。
C6：自分にとって何が大切かも見えてきたと言っている。名誉とかお金じゃなくて，家族や支えてもらっている人が大切なんだと言っている。みんなが。
C7：篤い病気になって，初めて家族の絆がわかった…と言っている。
C8：病気がなかったら，家族の大切さはわからないと思う。
C9：何もできない赤ちゃんに「あなたがいるだけで幸せ」と言うのがいい。
C10：毎日一緒に暮らしていて，いろいろつながっている。でも，普通だと，

なにも考えないで日が過ぎていく。兄弟げんかをしたり，親に文句を言ったりして。
T3：兄弟げんかもできなくなると，できたことが…（C10：幸せだったと思う）。
C11：壊れた腕時計でも，お父さんの腕時計だったら価値があるというところ。見た目でなく，誰でも生きている価値がある…（C11は挫折感を日記に書いていたことがある）。
C12：でも，それも，いつもはあまり意識していない。自分の生きている価値を，もっとしっかり見ていく…というか。そうしたいなと思った（C11うなずく）。
C7：小澤先生は，みんなに向かって，もっと自分の価値をしっかり見て，つらいこと苦しいことを乗り越えていってほしい，と言っている。すごく感動した。
T4：C6さんは，腕時計のことどう思ったですか。うなずいて見ていたけど。
C6：……カルカッタの道路の上で死んでいく人を思い出していた。（T5：「マザー・テレサ」のお話のことね。C6うなずく）。価値の無い人はいない。…マザー・テレサと同じことを小澤先生は言っている。私たちも，そうなんだけど。私たちも，価値の無い人はいない。そう思って頑張れと言われている気がした。
T6：そうですね。病気とかにはならなくても，自分が嫌になったり，「なんで自分だけがこんな思いを」とか思うときもありますよね。そんなとき，自分の価値って何かある。生きている価値ってある。…そう思いたいですね。
C13：あと，看護婦さんが，「自分たちが患者さんに励ましてもらっている」と言うところで，何かを感じた。
C14：ただ「そばにいてくれるだけでいいんだよ」と言ってもらったことがよかった。それで看護婦さんたちが救われるところが，すごくよかった。両方とも，相手のことを大切にしているんだと思った（C14もテレサに感動した一人）。
C6：マザー・テレサの，死ぬ人の手をにぎってあげていることと同じこと。私もいいなあと思った。
T7：本当にそうですね。人間が生きるときに，どんな支えが大切か。お互いが大切にしあうことで，支え合っている。小澤先生がね，ある本にこんなことを書いていらっしゃるんですよ。「人にやさしくなれないときに

こそ，人のやさしさを感じます。そして，誰かの支えになろうとしている自分こそが，一番誰かの支えを必要としていることに気がついたのです。無力である自分を認めてあげることから始めてみました。すると，力の無い私でも，そこ（患者のそば）にいていいと，思えるようになってきたのです。」……患者さんに支えられていると言われる小澤先生。だからあんなに頑張れる。

C15：おじさんが家族に書いた最後の手紙。あれは，家族への励ましのメッセージだと思う。「ただ生きているだけでいい。生きているからこそ価値がある」は，かけがえのない時計と同じことだと思う。

C16：「ただ生きているだけでいい」は，はじめのうちは嫌だなあと思っていたけど，みんな一生懸命生きていれば，それが価値がある。そういうことがわかってきた。それが大事。ただ，一生懸命生きているだけで，すばらしい。

T8：すごい。今まで学びあってきたことを一緒にまとめてみましょう。
　（黒板に，内容のすばらしさを共に味わいつつポイント書きしてまとめる）

<展開後段での話し合い>

T9：人に対し「生きていてほしい！」と強く思ったことはありませんか。

C17：おじいさんが入院したとき。手術して治ったけど，ずっと生きていてほしい。

C18：自分が入院したとき，お母さんが仕事休んで，ずっと病院に泊まってくれた。家族の絆も感じたし，お母さん，ぼくに「生きていてほしいというか，早く治って元気でいてほしい」と思ったと思う。感謝している。

C19：テレビで地震の崖崩れで埋まった人のことをやってるときなど，生きていてほしいと祈るような気持ち。スマトラ沖地震による津波のときも，亡くなる人が一人でも少なくなるようにと祈るような気持ち。

C20：テレビで，ネットの友達同士で自殺した人たちのことを聴くと，「どうして？」と思う。自分の生きてる価値を感じていたらそんなことしない。

C6：自殺のことが，一番ショック。苦しいことがあったかもしれないけれど，その人が生きていることで，支え合っていることを感じてほしい。

<終末>

T：井村和清という医者が<新年の贈り物>として書いた「あたりまえ」という詩を紹介します。この人は，骨髄癌で…（以下略。詩はプリントして渡す。）

★以上の実践は，南知多町立河和南部小学校の松尾学級にて行ったものです。担任の先生に感謝いたします。

（柴田八重子）

◆ 子どもが「いのち」を見つめる授業実践＜6＞

「いのち」を見つめ直す学習ビジョン

- 高学年〔生命尊重〕の実践
- 中心的な資料 「生きていることを考えよう」

多面的に「いのち」を見つめる

現代社会に見られる「いのち」を軽んじるような事件や出来事を防ぐためには，①常に通常の精神状態を保つこと，②生命に関するより多くの確かなスキーマを脳内に蓄えること，③生命の特性の一つ一つを主題にして道徳学習を組織すること，④生と死にかかわる問題について考えることができる学習を行うこと，の4点が大切である。

自己を見る目を豊かにする主な手だて

1. 総合的に「いのち」の学習に取り組むための工夫

　いのちの学習ビジョンを構築して，さまざまな観点からいのちについての学習を進めるステージを組織することによって，子どもたちが「生と死」の問題に向きあうことができるようにした。

2. 体験活動や動作化などの工夫

　事前の共通体験としてのフィールドワークや授業の中で，道徳的価値を表現する「スタンツアクション」などを通して，五感を使って「いのち」についての感覚を育てるようにした。

3. それぞれのステージで活用する道徳資料と指導案の工夫

　自作資料・逸話資料・メッセージ資料・詩の資料など，その内容にふさわしい道徳資料を選んで，授業実践に取り組んだ。また，効果的に授業を進めるための指導案も考案した。

第6学年　道徳学習指導案

1　主題名　いのちを見つめ直そう

【内容項目　高学年：生命尊重】

2　中心資料名　「生きることを考えよう」（自作）
①「強い樹 けれども弱い樹」　②「今生きていることを考えよう」

（『わくわく道徳資料集・高学年』東洋館出版社）

3　ねらい　自然の恵みの中で，今自分が生きていることの幸せを感じ，生命の神秘とかけがえのなさを感得することを通して，すべての生命を尊重しようとする心情を深める。

4　本授業の構想

　高学年の段階では，生命の誕生から死にいたるまでの過程を理解できるようになる。そのなかで，かけがえのない生命について自覚できるようになる。

　本資料は，①「強い樹 けれども弱い樹」（自然環境と生命に関するメッセージ資料），②「今生きていることを考えよう」（逸話により生命の根源を考える資料）より構成されている。

　①は樹木と人間とのかかわりから環境と生命について考える内容である。「環境」とは，「主体となる生物を取り囲み，主体と相互に作用を与え合う外界」のこととととらえることができる。生命とその環境をどのように守っていくのかは一人一人の生き方に関する問題ではあるが，社会や地球全体の問題として今を生きる我々が解決すべき問題であることをしっかりと認識させることを通して，環境を保全していくことが生命を守っていくことにつながるということに気づいてほしい。

　②は人間として生きていくとはどういうことかということを問いかけ始める高学年の子どもたちが，今生きていること自体のすばらしさや大きな意義について実感できる内容である。

　生物的生命というものが連続性をもって，必ず拠り所があることを実感し，いのちには偶然性と必然性があることをじっくりと考えることを通して，自分が今まで生きてきてよかったという実感をもち，これからの一日一日を充

実させていこうとする意欲を高められるようにしたい。

5 生と死について，より深く見つめるための工夫

(1) 「いのち」の特性を分析する

いのちの特性を多面的に分析し，後に述べるビジョンの各ステージで，それらを網羅した学習ができるようにした。それを図示してみる。

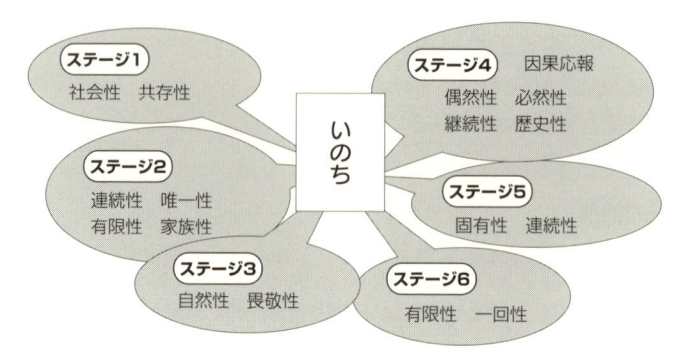

- ステージ1　社会性　共存性
- ステージ2　連続性　唯一性　有限性　家族性
- ステージ3　自然性　畏敬性
- ステージ4　因果応報　偶然性　必然性　継続性　歴史性
- ステージ5　固有性　連続性
- ステージ6　有限性　一回性

(2) いのちに関するスキーマをより多く蓄える

子どもが，さまざまな場面で行為を選択するときには，これまでに道徳的価値ごとに類型化され抽象化されて蓄積されてきた記憶のフロッピーの中から，そのことにかかわるファイルを呼び起こしてきて，そのときの感情や判断と合わせて行為を決定していくものである。その記憶のまとまりは「スキーマ」と呼ばれている。また，子どもはこれまでの経験や学習をもとにして，自己の価値体系をもっている。そこにスキーマが蓄積されているともいえる。

生命尊重にかかわる「スキーマ」を蓄積するためには，「いのち」とはどういうものであるかを深く追究する必要がある。上の図のようなさまざまな特性について学習を進めることによって，どんな状況においても，「いのち」に関して適切なスキーマを呼び起こし，生命を尊重することができるような行為を選択できるようになると考えて，この取り組みを実践してきた。

(3) モジュールの働きと教師の指導意図を指導案に明記する

脳の大部分，とくに視覚処理に関与する領域（形，動き，色など）は，相互に結合されているが，それぞれ独立したモジュールで構成されている。つ

まり，脳は，特定領域的な情報処理をする無数のマイクロチップの集積のようなものであり，その一つ一つは認知モジュールと呼ばれている。道徳学習においては，学習過程を分析的にとらえてみると，次のようなモジュールに分類できる。

経験を想起するモジュール	情緒を感じるモジュール
ジレンマを解決するモジュール	真理を探求するモジュール
人の気持ちを察するモジュール	考えをまとめるモジュール
感情を言語化するモジュール	価値を認識するモジュール
実践を促すモジュール	

それぞれの時間によって，どのモジュールを活性化して学習を進めていくのかが違ってくるので，指導案に明記するようにしている。また，教師が常に授業の中での子どもへの働きかけを分析的にとらえて，一つ一つの働きかけの目的や機能を意識しながら，学習活動を進めていくことができるように，授業の分析的カテゴリーも設定した。

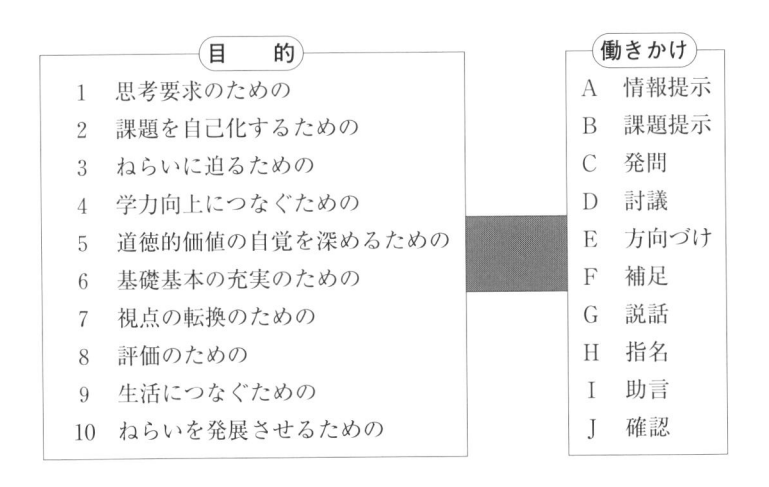

目的	働きかけ
1 思考要求のための	A 情報提示
2 課題を自己化するための	B 課題提示
3 ねらいに迫るための	C 発問
4 学力向上につなぐための	D 討議
5 道徳的価値の自覚を深めるための	E 方向づけ
6 基礎基本の充実のための	F 補足
7 視点の転換のための	G 説話
8 評価のための	H 指名
9 生活につなぐための	I 助言
10 ねらいを発展させるための	J 確認

4 評価の観点・方法を明確にする

次の6観点について，その内容をできるだけ具体的に明記する。
　①道徳的価値の理解ができたか。

②道徳的価値の自己化ができたか。
③道徳的価値についての自己課題が意識できたか。
④関心・意欲・態度が身に付いたか。
⑤道徳的な心情が深まり判断力が身に付いたか。
⑥道徳的な実践意欲が高まり態度が身に付いたか。

6　本時の展開（※数字と記号は前ページの「目的」及び「働きかけ」）

学習過程	教師の働きかけと子どもの学習	学習のポイント	教師の意図評価の観点	指導の工夫
つかむ	1．フィールドワークについてふりかえる。〇樹木や地面とのふれあい活動で、どんなことに気がつきましたか。	・聞こえた音や感じたことを素直に表現する。 自然の息吹を感じるスキーマの喚起 ・樹や地球の生命と自分たちの存在について考える。	1 A	・『心のノート』p.58～59を活用し「奇跡に近い、あたりまえのこと」という言葉に着目させる。・活動の様子の写真などを提示する。
考える	2．「強い樹 けれども弱い樹」を読んで話し合う。〇樹と西村さんはどんな対話をしていますか。〇樹はどんな生命力や力強さをもっていますか。	・大自然の中でペンションを営みながら、自然から多くのものを学んでいる西村さんの自然に対する熱い思いにふれる。 人の気持ちを察するモジュールの活性化	1 B　3 C	・西村さんの写真を拡大して提示し、語りかけるようにする。
深める	3．生命と環境について考える。〇自然環境と人間のいのちとはどんなかかわりがありますか。	・自然の恵みの中で生命をいただいていることについて考える。	5 D　1 A	・大自然との共存ということを表した写真等を準備する。
考える	4．「今生きていることを考えよう」を読んで話し合う。〇僧はなぜ死んでしまうことになったのでしょう。〇今、生きているということは、どういうことでしょうか。	・生命のはかなさや偶然性について考え、今生きていること自体がすばらしいことであることを実感する。 情報を感じるモジュールの活性化	7 D	・「因果応報」「自業自得」という言葉の意味を補説する。

深める	5．いのちについての見方を見直す。 ○いのちについてどんなことに気がつきましたか。	・生命の継続性や必然性について，自分が受け継いできたいのちの重さについて考える。	評価⑤道徳的な心情及び判断力が身に付いたか。 ＜見取りたい状況＞ 「いのちについていろいろな方向から考え，そのかけがえのなさを感じることができる」	
生かす	6．生と死のかかわりについて考える。 ○生きることと死ぬこととはどんなかかわりがありますか。 ○強く生きるとはどうすることですか。	・生命は有限であるので，お互いの生命の輝きを尊重することの大切さに気づくようにする。	5 E 9 B	・心に響く詩などを提示して，心情を深められるようにする。 ・いのちについてグローバルに考えることができるような話題を提供する。
生かす	7．自分たちでできることを考える。 ○いのちを大切にするために，わたしたちは，なにができるでしょうか。	・今生きていることの意味をしっかりとらえて，環境を守りながら，仲間を大切にしていくことが生命を大切にすることにつながることについて考える。	評価③道徳的価値についての自己課題が意識できたか。 ＜見取りたい状況＞ 「いのちを大切にするために，自分たちでできることを具体的に考えることができる」	
生かす	8．いのちということを一つの言葉にまとめてみる。	生命を尊重するスキーマの確認	10C	

「いのち」を見つめる子どもと教師のかかわり

1　生命の根源にふれる学習ビジョン

次のような「いのちの学習ステージ」を構成して，一人一人の子どもが多面的に「いのち」を見つめることができるようにした。

●ステージ1　「思いやりスタンツアクション」
　一人一人のいのちの輝きを増すために，「思いやり」をアクションで表現して，集団の中で思いやりの心をもって生活することの大切さに目を向ける。

●ステージ2　自作資料「大好きなおじいちゃん」による話し合い
　死んでもなお心の中で生き続けるいのちの事実から，受け継がれる命を感じとる。

- ステージ3　環境と生命のかかわりと生命の根源について考える活動
　　環境があってはじめて生命活動が成立していることを認識するために地球環境にかかわる学習をする。地球の生命エネルギーを感じることを通して人間の生命について考える。
- ステージ4　フィールドワークと本時の取り組み
- ステージ5　「いのち」の詩を書く活動
　　遠くからも近くからも「いのち」を見つめてその思いを詩に表現する。
- ステージ6　インフォームドコンセントやホスピスなど，現代社会の病気や死にかかわる資料での学習
　　死を意識することによって，さらに命を輝かせようとする思いを深める。

②　事前のフィールドワークで教師と共に感覚を見直す子どもたち

　実際に樹木や地面の生命エネルギーを感じる機会として，下の写真のような体験活動を行った。

①樹を見つめる。　②樹にふれてみる。 　③樹に耳を当ててみる。

④樹の音を聴く。 　⑤地面の音を聴く。 　⑥友達で顔を見合わせる。

　この共通体験から感じたことを基にして，本資料①を学習すると作者の西村さんが感じた樹木の呼びかけや生命力に共感しやすくなり，自然の恵みの中で，人間やすべての生物が命をいただいていることに気づくことができる。

　子どもたちは，「樹と共に生きているような気がする」，「樹に負けないように強く生きていきたい」，「大自然の生命力はすごいと思う」と発言していた。自然の大きな生命力と我々が共存していくのだということを強く感じたようだ。

2章 「いのち」を見つめる

③ 子どもたちの感性を磨く話し合い

　本資料②の逸話を読むと，子どもたちは，まず僧が死んだことを不思議に思う。小鳥に優しい心で接していた僧だし，たまたま石が小鳥に当たって，その小鳥が死んでしまっただけなのに，どうして死ぬことになるのかと子どもたちは感じた。しかし，教師と共に話し合っているうちに，「今わたしたちが生きていること自体が偶然であるが，いのちを受け継いでいるので当然でもある」「たとえ知らなかったにせよ，いのちを奪ったのは事実であり，そのことに対する報いは必ず受けなければならない」などという発言があった。このような考えは，現代社会を生きていくうえで，とても重要な観点になると考える。

　「生と死」の問題については，この逸話の他に，「受け継がれる命」と「死んでも心の中に生き続けるいのち」をとらえる「ステージ2」と，現代医学の問題として病気の告知や末期癌の患者が死を迎えるホスピスの大きな役割について考えることによって，死に向きあいながら，元気な人の何倍も生きようとすることの大きな意味を考える「ステージ6」において取り組んだ。

参考

　資料①は，長野県の白馬岳で長年「ロッジ　きらきら星」を営んでいる西村紀男さんからの大自然の中での樹木と人間とのいのちのかかわりについてのメッセージの抜粋であり，環境と生命について考えることができる内容である。「人間も弱いが，人間以外の生命体のほうがもっと弱い」という言葉が印象的である。

　資料②は，平安時代初期に，薬師寺の僧景戒によって編集された日本最古の仏教説話集『日本国現報善悪霊異記』の中にある「小鳥をかわいがる優しい僧が何気なく塀の外へ投げた石が小鳥に当たって死んでしまう。何年かして小鳥がイノシシに生まれ変わり，裏山でくずした石がころげ落ちて僧の頭に当たって死んでしまう」いう逸話で，子どもたちがいのちの根源について考えることができる内容である。どちらも筆者が編集した『わくわく道徳資料集・高学年』(東洋館出版社)に掲載した資料を短く改作して，1時間に両方の資料を活用できるようにしたものである。

(植田清宏)

3章 「なかま」を見つめる

1 子どもが見つめる「なかま」とは

●自ら広げようとする「なかま」と閉ざしがちな「なかま」

　子どもは，多様な人間関係の中で，かかわり合いながら成長することを望んでいる。また，他の人との人間的な触れ合いを豊かにもつことによって，大切な人が増え，共生への思いを深め，自らの道徳性を高めていく。

　そのかかわり合いには，様々な姿が見られる。例えば，子ども同士の多様な「学び合い」があり，「分かち合い」がある。「助け合い」「支え合い」，そして「高め合い」がある。このような豊かな「合い」こそが「なかま」意識である。

　しかし，この「なかま」意識が弱くなってきているのではないかとの声が聞かれる。大人社会に見られる人間関係の希薄化傾向が子どもの中に影を落としているとも言えるのである。

　その要因は，前章までに分析したように様々に考えられる。中でも，子どもが個の世界に没入し，リアルさの少ない仮想空間に長く浸かっているのが大きな要因であろう。調査によれば，小学生がテレビやテレビゲーム，パソコン，携帯電話等に接している時間の平均は，平日で3時間33分，休日は4時間半にも上るという（東京都養護教諭研・平成16年秋の調査による）。個にこもる時間が長くなればなるほど，子どもの「なかま」意識は枯渇していくしかない。

　それとともに，次のような気になる状況を聞くことが多くなった。

　まず，「心の居場所」をもてない子どもが増えていることである。安心できる集団がなく，居心地を感じなければ，人とのつながりの中で生きている実感をもちにくくなり，前向きな生き方への意識も生まれようもない。

　また，想像と共感の窓である「聞く耳」をもたなくなってきていることが挙げられる。人の目を見て，相手の思いを想像し，共感し，うなずく。この一連の「聞く＝聴く」という過程が弱くなっているのである。画面を見ることが繰り返されれば，眼差しを交えてのコミュニケーションは苦手になる。

　そして，それとともに過度な自尊感情の問題が挙げられる。ゲームの世界では，最後には自分の思い通りになる。欲望を支配できるという感覚が強まるの

だろうか。それは，公的な場を私物化し，地べたに座ったり，車内化粧をしたりする一部の若者の傍若無人な姿ともつながっていると思えてならない。

4つめとして，人間関係に関することに手間をかけなくなることが挙げられる。腰を据えてトラブルを解決しようとする前に，自己主張だけが衝突しがちになる。また，心をときめかせる手紙を書く機会がめっきりと減るように，時候の挨拶などの潤いのある言葉が日常生活の中から減っていく。

このような「なかま」意識の希薄化を食い止め，引き戻すことが，今，学校という集団生活の場には特に求められている。

● 子どもが「なかま」を見つめる窓口

そこで，まず，子どもがどのような道徳の内容の窓口から「なかま」意識を豊かにしていくのかについて押さえておきたい。

ここでは，道徳の内容のⅡの視点「主として他の人とのかかわりに関すること」や，Ⅳの視点「主として集団や社会とのかかわりに関すること」に示される内容が大きく関連する。それらの内容項目で広く呼称されている言葉を手がかりとするならば，下の左のようなキーワードで押さえることができる。

Ⅱの視点とⅣの視点の内容項目にみるキーワード	全体を横断的に見たときの窓口（例）
礼儀・作法　親切さ　思いやり　尊敬・感謝	・思いやり，共感
友情　助け合い　異性の理解　寛容・謙虚さ	・協力，協調
役割と責任　法の順守　公徳心	・規範意識
権利と義務　公正・公平さ	
勤労　社会奉仕　公共の福祉	・社会参画意識
家族愛　愛校心　郷土愛　愛国心	・所属意識
国際理解・親善　　　　　　　　　など	

これらのキーワードは，より広い視点に立った横断的な言葉で置くことも可能である。右側に示すのがその窓口の例である。

さらに，これらの内容は，大きく2つに分けて考えることができる。1つは，「なかま」のよさを維持し，守ろうとする基盤づくりにかかわる意識であり，

もう1つは,「なかま」の向上や発展にかかわり,参画しようとする意識である。下の図は,その視点から整理することを試みたものである。

「なかま」の心の基盤づくりから向上・発展へ（1つの見方）

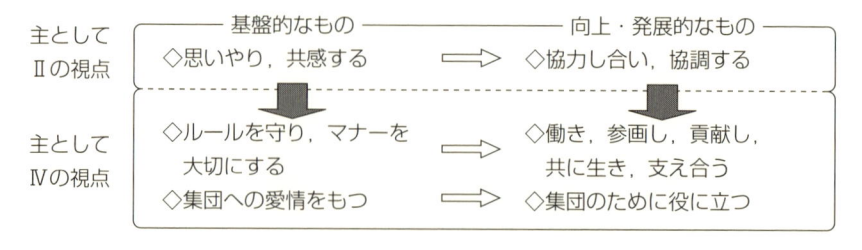

	基盤的なもの		向上・発展的なもの
主として Ⅱの視点	◇思いやり,共感する	⇒	◇協力し合い,協調する
主として Ⅳの視点	◇ルールを守り,マナーを大切にする ◇集団への愛情をもつ	⇒ ⇒	◇働き,参画し,貢献し,共に生き,支え合う ◇集団のために役に立つ

「なかま」に対する感じ方や考え方,かかわり方をこのようにいくつかの角度から捉えることによって,「なかま」を見る目が一層豊かになる。

●子どもが「なかま」への多様な見方を深めるために

このような見方を広げ,深めるために,実際の指導に際して着眼したい点は何か。ここでは特に,次の①,②を重視する必要がある。

① かかわる「なかま」を多様にする

◆子どものかかわりを同心円的に広げる……まず,発達の過程に応じて,学習や生活の中で多様な人とかかわることができるようにすることである。子どもがかかわる集団は,家族,友達・仲間,学級,学校などから始まって,地域,郷土,国,外国へと同心円的な広がりをもっている。

◆子どものかかわる相手を多様なものとする……上記と関連して,子どもが交流したり,共に過ごしたりする相手も多様なものにすることである。今の子どもは,仲のよい友達が身近に1人や2～3人いるだけで満足し,その関係の中に閉鎖的になる傾向もある。そこで,例えば,乳幼児から高齢者へと世代を越え,勤労者,団体関係者,活動家,外国人などへと,そのかかわりの機会を広げていくのである。

② 「なかま」に対するプラス志向をはぐくむ

◆集団への愛着や愛情をはぐくむ……集団の中に自分の居場所があり,自分が役に立っていると感じるとき,自己有用感や自己存在感が豊かに醸成され,帰属

意識が高まる。子どもはその中で集団の一人一人に敬愛の情をあたため，「なかま」に対してプラスのイメージを強めていくことができる。

◆集団に前向きにかかわろうとする意識を大切にする……居場所のある集団の中で，子どもはその集団のために役に立とうとする。そこでの役割意識や，集団の活動に積極的に参画しようとする気持ちを育てることで，「なかま」に対するプラス志向が強められる。

◆「集団のため」と「自分のため」の重なりが意識できるようにする……子どもは集団の中で自己を高め，自己実現に向かうとき，それが集団のためでもあることに気付く。例えば，働くことは集団のためであり，自分のためでもある。そのような主体的に支え合う集団という意識をはぐくむのである。

2　「なかま」を深く見つめるための道徳資料

これらの着眼点を生かして，子どもが「なかま」を見つめる道徳授業を構想する。まず，ねらいの設定とともに，子どもの実態に即した資料選択や資料開発が重要なカギとなる。実際には，様々な資料集の中のⅡの視点とⅣの視点の内容項目に基づく資料を生かすことが多くなるだろう。しかしまた，新たに資料を選択し，開発することも大いに考えられてよい。

その際，例えば，次のような着想に立った資料を生かすと効果的である。

◆生活の中での人間関係のよさや問題の克服などを描いた資料……例えば，学級の友達どうしの支え合いやトラブル，障害のある人とない人との交流，高齢者や幼児との交流，集団での役割を果たす体験，働くことのよさ，ボランティア体験などを描いた資料などが考えられる。

◆童話，物語などの創作話の中での人のかかわりを考えさせる資料……例えば，名作『ないた赤おに』『走れメロス』などの童話や小説，物語をもとにした資料，『ぐみの木と小鳥』『一本のはし』などの創作寓話などがある。それらには，子どもに気付きをもたらし，葛藤や感動を生むものも多い。

◆人のために尽くしている人の伝記や実話……社会のために働く人や人の権利を守り抜く人，国際的な視野で活躍した人の実話や伝記の一節を生かした資料な

どが考えられる。キング牧師，マザー・テレサ，リンカーン，宮沢賢治など，様々な人が生かされている。また，文化や芸術を守り育てる人，地域産業を守っている人を描いた資料なども考えられる。
◆社会の問題を映し出した題材……例えば，環境問題，マスコミや報道に関する問題，高齢者問題，人の権利に関する問題などを描き，問い掛けたり，揺さぶりをかけて，子どもを議論に巻き込む資料などがある。

これらの着想を生かし，本や雑誌だけでなく，新聞やテレビ，映画，情報通信などから多様な素材を得て，資料化する努力を大切にしたい。

3 子どもが「なかま」を深く見つめる授業づくり

次に，これらの資料を生かしてどのような授業を構想するかが課題となる。
子どもが「なかま」を深く意識できるような授業を考える際に，まず押さえたいのは，道徳の時間自体が，多様な人との出会いとかかわり合いの中で進められる学習であるということである。1つには，資料中の人物とのかかわりがある。いま1つは，学級の仲間や指導する教師や講師とのかかわりがある。授業のもつ「なかま」意識に関する主題をより深めるために，これらの出会いやかかわり合いを効果的に生かすようにしたい。

●指導過程での「なかま」を見つめる主な工夫

まず，基本的事項ではあるが，特に次の2点に着眼することが大切である。
1つは，資料中の人物への共感的追求を重視することである。道徳の時間の多くはこのような共感的追求を軸として学習が展開する。子どもが資料中の人物の感じ方や考え方に共感し，それを想像することによって，さらに，葛藤，感動，批判などが生まれ，自分の考えを生み出していく。そのこと自体が想像力，共感力を基盤としたコミュニケーションの力を高めるのである。

もう1つは，友達の多様な考えと切磋琢磨する場をつくることである。主題にかかわってどう思うか，どんな体験があるか等について考えを交えることで，学び合いが深められる。資料による話し合いの過程や，資料から離れた話し合いの段階等でそのような機会をつくることで，学級集団という「なかま」が直

接生かされた主題の深まりが期待できる。

●指導方法における「なかま」を見つめる主な工夫

　この指導の流れに織り込む指導方法についてはどうだろうか。今までの「じぶん」や「いのち」にかかわる工夫と重なる面も多いが，特に「なかま」を見つめる視点に立った工夫としては，次のものが考えられる。

◆資料中の人物関係を明確にして話し合いに生かす……資料のもつ人間関係にかかわる主題を浮き彫りにするために，板書等を生かして各人物の配置図や関係図を見やすくすることである。例えば，対立する2人を上下や左右に配置したり，複数の顔絵や名前カードで相互の関係を示したりするとよい。

◆人物の立場で思いを表す表現活動を工夫する……資料中の人物の思いを即興的に表現する役割演技や，真似をして感じる活動としての動作化を生かすことによって，「なかま」を感じる学習が充実する。自分の考えを手紙に書いて伝える方法なども効果的である。

◆小集団等による学び合いの場をつくる……学習集団を開く視点も大切にしたい。話し合う小集団を様々な形態にして，相互交流を豊かにするのである。時には，学年の壁を越えた学び合いを組織することも考えられてよい。

◆外部講師等の協力を得た指導を取り入れる……指導の人的な体制を開く視点をもつことである。地域講師に加わってもらったり，保護者や身近で働く人に話してもらう機会を作ったり，ビデオレターなどを生かしたりすることで，身近な「なかま」への思いが広がり，その見方が豊かになる。

◆豊かな人間関係体験を生かす……学校で行う人間関係体験は，様々な交流体験の他に，奉仕体験活動，挨拶運動，外国文化体験，文化や伝統に親しむ体験など多様である。それらを道徳の時間での導入や話し合いの一部に生かして，子どもの日常の「なかま」意識とつなげられるようにする。

　このように，それぞれの主題や教師の意図によって，多彩な創意工夫が考えられる。これらは，次頁よりの各事例にも様々に生かされている。各教師の創意ある実践から大いに学びたいものだと思う。

（永田繁雄）

◆ 子どもが「なかま」を見つめる授業実践＜1＞

かけがえのないたから・友だち

- 低学年〔信頼・友情〕の実践
- 中心的な資料 「一本のはし」

認め，支え合う友だちを大切に思う「なかま」を見つめる

　子どもたちに，「言っても言われてもうれしくなる言葉って何ですか」と尋ねたところ，「ありがとう」と「いっしょにあそぼう」だった。この言葉には，一人よりも友だちと一緒のほうが楽しい，おもしろいと感じる気持ちがうかがえる。また，友だちが一人で困っていたり，淋しそうにしていたりすると，なんとか助けてあげようと，相手を思い，理解しようとする気持ちから発している言葉とも考えられる。そこで，低学年の段階から，一緒に学び，遊ぶ楽しさやけんかなどさまざまな体験と道徳の時間とを結びつけ，友だちと仲よくして学校や学級生活を送ることの心地よさに気づかせるとともに，どのようにすれば仲よくできるかを考えさせることを大切にしたい。

自己を見る目を豊かにする主な手だて

1　子どもの表現活動の工夫

　２人組みで話し合う場を設定し，互いに自分の考えを出し，相手の思いを聞くことで多様な価値観に気づかせる。また，自分の考えを書くことで，発表に自信をもたせる。さらに，登場人物の心情に迫るように役割演技をさせる。

2　家庭との連携の工夫

　道徳だよりを配付することで，子どもたちの多様な考え方を伝え，家庭に親子の話し合いのきっかけとなるような話題を提供する。

第2学年　道徳学習指導案

1 **主題名**　かけがえのないたから・友だち

　　　　　　　　　　　　　　【内容項目　低学年：信頼・友情】

2 **中心資料名**　「一本のはし」（高知県人権同和教育研究協議会）より一部改作

3 **ねらい**　　友だちと仲よくし，互いに助け合い，友だちを大切にしようとする心情を育てる。

4 **主題設定の理由**

　学校，家庭，地域社会など，どのような集団であれ，人間の生活は，人と人とのかかわりの中で互いに信じ合うことによって成り立っている。学校においては，友だちのことを考えて互いに仲よく助け合うことが，明るい人間関係をつくる基となる。そこでは，学校生活のあらゆる場面を通して，相手の存在やよさを認め合い，理解し，助け合うことで友情を深めていくことができる。また，自己中心的な考えになりがちな低学年のため，学級内の問題に対しては，すべての子どもが自分のこととして受け止め，協力して解決していくことも必要である。これらのことを通して，自分を見つめ，友だちを見つめることで連帯感を育て，より望ましい人間関係を築いていくことが大切であると考え，本主題を設定した。

　本資料は，森の中の動物たちが谷川に架けられた一本の橋をめぐり，いじわるをするおおかみの行動に対して，困っている現状を自分たちの力で解決しようとするものである。おおかみを決して悪く見るのではなく，仲間の一人として認め，みんなで力を合わせて大きな橋をつくり上げていく姿を描いている。問題を解決するまでの話し合いの過程を大切に扱いながら友だちと協力することの大切さや楽しさをわからせていきたい。

5 **子どもの「なかま」への思いを深めるために**

　資料が長いため，2時間扱いにし，森の動物の一人として「じぶん」を考えることができるように学習活動を計画する。また，少人数学級のよさを生かし，どの発問にもできるだけ全員が発表できる機会を与え，それぞれ異なった考え方をもつ個性を尊重しあうことのできる支持的風土の学級づくりに努める。

6　前時の学習と本時の指導

(1)　前時（第1時）の学習

学習活動	教師の主な発問	子どもの主な発言等
1．学級での出来事について思い出す。	○グループづくりで困ったとき，どのようにして解決しましたか。	・みんなで話し合い，友だちのよいところを見つけて仲直りした。
2．資料「一本のはし」の前半を聞く。	○動物たちが困っていることは何でしょう。	・みんなの橋なのに，おおかみがひとりじめして通してくれない。 ・おおかみが待ち伏せをして，いじわるをする。 ・橋が一本しかなくて，狭くて一人しか通れない。
(1)　動物たちそれぞれの考えについて話し合う。	○動物たちは，それぞれどんな考えでしょう。	・りすは，おおかみが強いから言うとおりにしよう。 ・いのししは，こらしめよう。 ・りすは，行くのはいや。 ・さるもたぬきも，りすが行かないのならいや。
	○うさぎさんが話し合いを止めなかったのはどうしてだろう。	・みんなのことを考えて，みんなのために助けようと思ったから。 ・ここでやめたら，おおかみさんのいじわるが続くし，みんながずっと困ったままになるから。
	○みんなが森の動物ならどんな考えですか。	・いのししの考えで，こらしめに行く。 ・いのししの考えだけど，やられるといやだから行かない。 ・わたしがおおかみより大きなくまさんなら行くと思う。 ・ぼくは，鳥になってでも行く。
(2)　話の展開に期待させ，興味をつなぐ。	○どんな方法で解決するだろうか，話の続きを聞いて，みんなで考えることにしましょう。	

板書の中に名前札（磁石）を生かして，一人一人の考えを大切に扱うようにする。

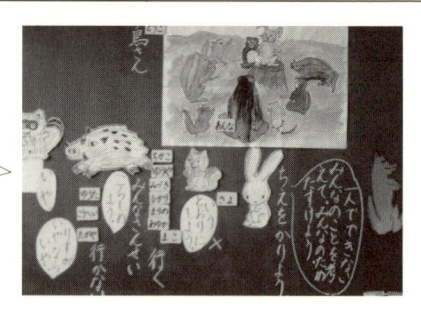

(2) 本時（第2時）の学習

学習活動	主な発問と予想される子どもの発言等	指導上の工夫
1．前時の話を思い出す。	○動物たちが話し合った過程を思い出してみましょう。 　相談しよう→言うとおりにしよう→こらしめよう→いい方法を考えよう	・話し合いによって，よりよい解決の方向に意見が変化する過程をはっきりさせる。
2．後半の話を聞く。 　(1) きつねやさるの考えについて話し合う。	○相談してどんないい方法が決まりましたか。 ・大きな橋をつくろう。 ・おおかみも仲間に入れよう。 ・きつねとさるがおおかみの所へ行く。 ○おおかみも仲間に入ってもらうことにしたのはどんな気持ちからでしょう。 ・おおかみも森の仲間だから。 ・仲間はずれはいけないから。	・おおかみも仲間の一人としてそのよさを認めていることに目を向けられるようにする。
(2) おおかみにどのように話しに行くか相談する。	○きつねとさるが2人組みになっておおかみの所へ話しに行きましょう。 ・君の強い力を貸してください。 ・みんなで一緒につくろうよ。 ・みんなでつくると早くできるから，手伝ってよ。	・自信をもって役割演技ができるように，さるときつねの考えをあらかじめ書いておいてもよいこととする。
(3) 橋をつくっている動物たちの様子や気持ちを話し合う。	○おおかみは一緒にしながらどう思っているでしょう。 ・みんなと一緒につくるのは楽しいな。 ・もう，いじわるはやめよう。 ・仲間に入れてくれてありがとう。 ○大きな橋が完成したとき，森の動物たちはどんな気持ちでしょう。 ・みんなでつくってよかった。 ・早くみんなで一緒に渡りたいな。	・みんなで協力して一つのことに取り組んでいる動物たちの気持ちを考えさせることで，力を合わせることの楽しさや喜びを感じられるようにする。
3．自分たちの生活をふりかえって，話し合う。	○友だちがいてよかった。みんなで協力してよかったと思ったのはどんなことですか。 ・ころんだとき，「だいじょうぶ」と声をかけてくれてうれしかった。 ・重い机を運ぶとき，歌を作って歌いながらみんなで片付けをした。	・今までの生活を思い出させ，一緒に協力して楽しかったさまざまな場面での体験を発表させる。
4．先生の話を聞く。		

「なかま」を見つめる子どもと教師のかかわり

● 前時のふりかえりの場面で

T：おおかみのいじわるや一本の橋のことで話し合ったとき，どんな考えが出ていましたか。

C：りすは，おおかみは強いから言うとおりにしよう。

C：いのししは，こらしめよう。でも，自分が行くとは言ってない。

C：りすは，いのししの意見に賛成したけど，行くのはいや，と言っていた。

C：さるもたぬきも，りすが行かないのなら，行くのはいや，と言った。

● 資料の後半での話し合いで

T：みんなが森の仲間だとしたらどうするか，考えを発表していますね。いのししの考えに賛成で，しかも，こらしめに行くという人が多かったようです。自分がおおかみより大きいくまなら行くという友だちもいたし，小さい鳥でもこらしめに行くという友だちもいました。この後，この森の動物たちはどうするか，お話を続けます。

T：だれが，どんないい方法を思いつきましたか。

C：きつねが，もっと，大きな橋をみんなでつくろうと言った。

C：さるは，おおかみにも一緒に橋をつくる仲間になってもらおうと言った。

T：きつねとさるの意見を聞いて，みんながなるほどと思って，考えが変わったのはどんな気持ちからでしょう。

C：おおかみは力持ちだから，大きな力を借りようと思った。

C：こらしめるのはかわいそうだと思った。

C：おおかみは怖いけど，心が変わったらやさしくなるかもしれない。

C：話したらおおかみもわかってくれるかもしれないと思った。

C：仲間はずれはいけないし，おおかみも仲間だから一緒にしようと思った。

C：争いはいやな気持ちになるから早くやめて，みんなで渡りたいな。

C：おおかみは，橋に使う木のある場所を知っているかもしれないと思った。

C：おおかみも仲間に入ったらいじめないと思うし，協力するのは楽しいし，友だ

ちが増えることになると思ったから。

C：おおかみも友だちで仲間だし，みんなの気持ちを伝えて，みんなの森を暮らしやすくしようという気持ちになった。

● きつねとさるになっての役割演技の中から

T：さるときつねの2人組みになって，おおかみに話に行きます。どう話すか伝えたいことを書いておきましょう。おおかみは一度，断ります。おおかみの心が動くように，どちらが先に話すかも，2人で決めましょう。

T：では，それぞれ2人組みでおおかみに話してみましょう。

《グループ1》

さるが先に，「ぼくたちと一緒に仲間になって橋をつくるのを手伝ってください」と，言ってみるよ。

断られたら，「きつねが，大きな橋をつくろうと決めたんだ。そうしたら，ぼくたちも渡れるよ。一緒に遊べるよ。みんなもそう言ってるよ」と，言うね。

《グループ2》

C：（さる）ねえ，ねえ，おおかみさん，でっかい橋をつくるけど一緒につくらない？　みんなじゃ，力が弱いから。

C：（おおかみ）いやだね。

C：（きつね）でもね，おおかみさんの大きな力が必要なんだ。一緒にやってくれたら，一人ぼっちじゃなくなるし，淋しくないよ。力を合わせて楽しくつくろうよ。明るい森にしようよ。みんな賛成してくれているよ。

C：（おおかみ）うん，いいよ。手伝うよ。

《グループ3》

C：（きつね）細い橋じゃみんな困っているんだ。だから大きくって太い橋をつくろう。手伝ってくれない？　仲直りしようよ。おおかみさんは何かわけがあっていじわるをしているんでしょう。やめないと嫌われるよ。一緒に楽しく大きな

橋をつくろうよ。みんなおおかみさんを待っているよ。一緒に行こう。
C：（おおかみ）いやだね。手伝わないよ。
C：（さる）おおかみさん，もう，いじわるはやめて。あの細い橋を太くつくって一緒に遊ぼう。おおかみさんもぼくたちと同じ森の仲間だろう。みんな，おおかみさんを待っているよ。
C：（おおかみ）うん，いいよ。手伝うよ。

《グループ4》
C：（さる）おおかみさん，橋を大きくするから手伝ってくれる？　おおかみさんが手伝ってくれたら，みんな，きっとうれしいよ。
C：（おおかみ）いやだね。
C：（きつね）おおかみさん，ぼくたちだけの力じゃ橋をつくることはできないんだ。だから一緒に手伝ってほしいんだ。もし，大きな橋ができたらおおかみさんも一緒に楽しく渡れると思うんだ。それからみんなで楽しく遊べるよ。みんなも賛成しているし，だから一緒に大きな橋をつくろうよ。
C：（おおかみ）うん，いいよ。手伝うよ。

《グループ5》
C：（さる）大きな橋をつくるから力を貸してくれる？　みんな賛成したから，手伝ってくれる？
C：（おおかみ）いやだね。
C：（きつね）お願いだから手伝って。ぼく，一度，おおかみさんと橋を渡ってみたいし，友だちになってほしいんだ。だからお願い。
C：（おおかみ）うん，いいよ。

《グループ6》
C：（きつね）もういじわるしないで。ぼくたちの仲間に入って大きな橋をつくるのを手伝ってほしいんだ。
C：（おおかみ）いやだね。
C：（さる）じゃないと，みんなが困っているんだ。一緒に大きな橋をつくるのを手

伝ってほしいんだ。みんなじゃ力が弱いから。おおかみさんは，大きな木の場所を知ってるかもしれないから教えてほしいよ。
C：（おおかみ）うん，いいよ。わかった。手伝うよ。

● 動物たちそれぞれの気持ちを考える場面で
T：みんなの気持ちがおおかみに伝わりました。おおかみはみんなと橋をつくりながらどう思っているでしょう。
C：もう，いじわるはやめよう。
C：みんなと一緒だといいな。
C：みんな，ぼくのことを思ってくれていたんだ。友だちっていいな。
C：仲間になれてよかった。心が明るくなったよ。本当に来てよかった。
T：橋が完成して，森のみんなはどんな気持ちでしょう。
C：ああよかった。みんなで一緒に橋をつくることができてうれしいな。
C：やった。おおかみさんも仲間になったぞ。
C：早くつくって，みんなで渡ろうよ。
C：苦労したかいがあったな。

● 自分たちの生活のふりかえりからまとめへ
T：森の仲間のようにけんかをすることがあるけれど，友だちがいてよかった，力を貸してくれてよかったと思ったのはどんなときですか。
C：転んだとき，「だいじょうぶ」と声をかけてくれた。
C：学校を休んだとき，手紙を書いて届けてくれた。
C：掃除のとき，一緒に手伝ってくれた。
C：忘れ物をしたとき，道具を貸してくれた。
C：重い机を運ぶとき，歌を作って歌いながらした。
T：2年生のすばらしいところは，学級のみんながとても仲がよいことです。ある本に「相手のよいところは，虫眼鏡で大きくして見ましょう」という言葉がありました。（略）自分の心も相手の心も大切にして，やさしい大きな目で友だちという宝物をたくさん見つけていきましょう。（──授業了──）　　（黒川祐子）

（※本実践は，筆者の前任校今治市立伊方小学校でのものである）

◆ 子どもが「なかま」を見つめる授業実践＜2＞

だれにでも親切にしようとする心

- 中学年〔思いやり・親切〕の実践
- 中心的な資料 「不思議なぼくの気持ち」

相手の気持ちを考えあう「なかま」を見つめる

　自分自身が愛され，大切にされているという安心感がなければ，相手を思いやって行動することは難しい。そこで，道徳の授業の中で，家族から書いてもらった自分に対しての手紙を読んだり，学校生活で友達に親切にしてもらったことを紹介しあったりすることで，安心感を感じさせるようにしていく必要がある。愛され，大切にしてくれる「なかま」の存在に気づき，そのうえで，相手の気持ちになって考えて行動できているかを見つめさせていくとよいのではないだろうか。

自己を見る目を豊かにする主な手だて

1　生活をふりかえる

　道徳の時間では，自己のこれまでの生活をふりかえり，これまでできなかったことやそのときの思いを語り合う時間を十分に取る。

2　生活表

　毎日の帰りの会のおりに，一日の生活はどうだったかを「あいさつ」「休み時間」等の項目を立て，それぞれを反省させるだけでなく，ひと言感想を書くことで，今後に向けての意欲につなげる。

3　さまざまな活動から気づき，高める

　道徳のねらいにある価値については，それぞれが独自のものではなく，密接にかかわっているものもある。道徳の授業の中で，家族に愛され，友達に

助けられていることに気づかせ、自分自身も大切にしようとする心を養っていく。

また、子どもたちが、低学年にパソコン操作を教えることで親切にする体験をしたり、必要と感じて川の清掃活動を行ったりと、さまざまな教育活動の中での体験を通じて実践する力を高めていく。

第4学年　道徳学習指導案

1 **主題名**　だれにでも親切にする心

【内容項目　中学年：思いやり・親切】

2 **中心資料名**　「不思議なぼくの気持ち」(『4年生のどうとく』文渓堂)
3 **ねらい**　相手を思いやることの大切さを感じ、だれにでも進んで親切にしようとする心情を育てる。
4 **主題設定の理由**
 (1) ねらいとする価値について

人と人とがかかわっていくなかで、よりよい人間関係を築いていくためには、互いに相手の気持ちになって行動しあうことが大切である。家族や仲のよい友達には、手助けをしたり、相手を思いやる言葉をかけたりすることはできても、駅や道路等で困っている人を助けることはなかなかできない。中学年という時期に社会の一員として、見ず知らずの人に対し、親切にすることがなかなかできない心をふりかえらせたうえで、だれに対しても親切にしていこうとする心情を育てることが大切であると考えた。

 (2) 子どもの実態について

教室では、算数の問題がわからない友達がいるとやさしく教えたり、困っている人がいると声をかけるようすが見られる。また、子どもたちや保護者の話などから、家族が病気のときに看病をしたり、スーパーで重い荷物を持ったりと思いやりのある行動がとれていることがわかる。このように、仲のよい友達や家族には親切にすることができているようであるが、他の学年の人や見ず知らずの人に対してはなかなか声をかけることができないようである。

5　本時の指導の工夫──役割演技

　4年生にもなれば，だれにでも親切にしていかなければいけないことは頭ではわかっている。「ぼく」が親切にできなかったことを後悔していることから，困っている人がいたら親切にしていこうということはすぐに思いつくと考えた。そこで，「交差点で困っている人」に対してどのように行動していったらよかったのかを，「交差点で困っている人」と「ぼく」になって何組かに演じられるようにした。「ぼく」が親切にできてすっきりした気持ち，「交差点で困っている人」が親切にしてもらえてうれしい気持ちを追体験的に考えることを通して，また演技をしない人にとっても，そのやりとりを見ることによって，親切にすることの気持ちよさをより深く感じることができるようにしたいと考えた。

6　本時の学習の流れ

	学習内容	子どもの意識	指導上の留意点・工夫
導入	1．だれかに親切にしてもらったのはどんなときか，そのときどんな気持ちだったか発表しあう。	○友達や周りの人に親切にされてよかったのは，どんなときだろう。 ・学校に忘れたノートを届けてくれた。 ・物をなくしたとき，探してくれた。 ○そのとき，どんな気持ちになったか。 ・ありがとうという気持ち。 ・自分も助けたい。	・日頃の生活を思い出し，具体的な経験を発表することにより，価値への方向づけを図る。
展開前段	2．資料「不思議なぼくの気持ち」の話を聞く。 3．資料中のぼくの気持ちに	○「うっ，重い」と言って，おばあちゃんに「ごめんね」と言われた	・場面絵を見せながら，資料提示をする。 ・補助発問で，おばあちゃんから「ありがとう」

	ついて話し合う。	とき，どんな気持ちだっただろう。 ・どうして言ってしまったんだろう。 ・言うんじゃなかった。 ・おばあちゃんのせいではないのに，しまった……。 ○交差点で手をつなぐことができなかったのはどんな思いがあったからだろう。 ・かっこ悪いと思ってしまった。 ・断られたらどうしようかと思った。 ・勇気を出せばよかった。 ○「ぼく」と「交差点で困っている人」の役になって，どうしたらいいかを演技をしながら考えよう。	と言われたときのうれしい気持ちを考えさせておく。 ・親切にできなかったときの複雑な気持ちを共感的に考えさせたい。 ・役割演技を行った後に，「ぼく」と「交差点で困っている人」の気持ちや見ていた感想を聞く機会をつくる。
展開後段	4．今までの自分自身をふりかえる。	○これまでに親切にしようと思ってもできなかったことを思い出してみよう。	・ワークシートに親切にできなかった自分自身の気持ちや，自分自身への願いなどを書かせたい。
終末	5．教師の説話を聞く。		・断られたらどうしようかと思いながらも，声をかけてよかった体験を話す。

「なかま」を見つめる子どもと教師のかかわり

[1] 本時の授業の実際の中から

(1) 導入で各自の親切にされた体験を思い起こす

今回の授業の価値について迫る手だてとして，まず，自分自身が親切にされたときのことやそのときの気持ちについて思い出させることにした。子どもたちは次のような出来事を次々と話してくれた。

○家族から
  ・迷子になったとき，捜して見つけてくれた。
  ・病気のとき，一生懸命に看病してくれた。

○友達から
  ・学校に置き忘れてしまったノートを届けてくれた。
  ・わからなかった漢字の読み方を教えてくれた。
  ・かぎを取りに一度，家に戻ったから，待ち合わせの時間に遅れたけど，みんなが待ち合わせ場所で待っていてくれた。
  ・一人でいたときに，「遊ぼう」と声をかけてくれた。

また，親切にしたことについても話したい表情もうかがえた。

(2) 役割演技をしながらそれぞれの立場の気持ちを考える

親切にできなくて後悔した「ぼく」の気持ちについて考えた後で，「ぼく」と「交差点で困っている人」の役になって，演技しながら考えあった。少しでも交差点の場面が思い浮かぶように，交差点の効果音や紙に描いた信号，杖なども用意した。これまでも道徳の時間で役割演技を行ってきたので，演じることは大好きな子どもたちである。

今回は3組，計6人が演じた。「交差点で困っている人」が慣れ親

しんだクラスの友達だったため，声をかけることへのためらいを演じることは難しかったが，いきなり相手の手を取ったりすることはなく，迷いながらも「大丈夫ですか」「一緒に渡りましょう」などと声をかける姿が見られた。また，交差点を渡るときにも，手を引っ張るのではなく，肩に手を添えて相手をいたわりながら渡っているようすも見られた。

3組の演技が終わった後，「ぼく」役の3人に，やってみてどうだったかを尋ねると，「気持ちがよかった」，「すっきりした」，「助けられてよかった」などの発言があり，「困っている人」役の3人からは，「とてもありがたかった」，「うれしかった」との感想があった。

また，やりとりのようすを見ていた人からも聞いてみると，「見ていて気持ちがよかった」，「自分もこんなふうになりたいな思った」などの発言があり，それぞれの立場の気持ちを共有した。

(3) **自分自身の生活をふりかえる**

資料中の「ぼく」と同じように，親切にしたかったのにできなかった経験について子ども一人一人がふりかえり，ワークシートに記入した。

できなかった経験を書いている子どもには，「どんな理由があったのか」など具体的にふりかえることができるよう助言した。

また，「できたことも書きたい」という子どもの声もあり，できたことも書いてよいこととした。普段は書くのが苦手な子どもも2枚，3枚の紙にびっしり書くようすが見られた。

以下が子どもたちのワークシートに書かれた思いの一部である。

・段差のところで困っている車いすの人を見て，やりたいと思ったんだけど，なんか少しはずかしい気がして，できなかった。だから今度からは何ごとも進んでやりたいなと思った。

- いつか忘れたけど，出かけて帰ってくるときに，バスにすわっていたら，おばあさんが立っていた。勇気がなくて，「ここ，どうぞ」と言えなかった。勇気をもって言えばよかった。はずかしいなんて思わないで，笑われても，こそこそ言われても，「自分はこれでいいんだ！」と思って，やりたい。
- 歩いていて，前の人がマフラーを落としていったから，わたしてあげようと思ったんだけど，ぜんぜん勇気がなくてできなかった。その人にわたしてあげればよかった。これからはちゃんとやってみたいと思った。
- エレベーターに乗るかもしれない人を乗せてあげなくてはいけないのに，自分が早く帰りたいから思わず閉めてしまった。その人も早く帰りたいと思っているかもしれないから，これからはそれをやめる。

2 本実践を終えて（若干の考察）

○導入について

親切にされた経験を問うと，友達や家族のことだけでなく，見ず知らずの人に助けてもらった話も発表された。家族や友達にこだわらず，親切にしてもらったことをできるだけ広く考えられるようにしてもよかった。また逆に，家族や友人などに自分自身が親切にできたことを問いかけることも一つの方法だと思われた。

○展開前段について

資料については，主人公である「ぼく」の気持ちを追っていくだけでなく，親切にする場面を演じさせることによって，する側の心地よさや，される側の感謝の気持ちについて考えをより深めることができたのではないかと思う。しかし，子ども同士で演じさせたことにより，声をかけやすかったため，見ず知らずの人に声をかけることがとても勇気がいることだということを実感的に体験させることはできなかった。「困っている人」役を担任がしたり，他の大人に依頼したりして演じてみるのもおもしろいのではないかと感じた。

○展開後段について

困っている人がいても，見ず知らずの人にはなかなか声をかけることができないという今回の資料から，やりたくてもやることができなかったことをふり

3章 「なかま」を見つめる

かえりながら考えることができる発問にした。しかし、できなかったことが思い出せない子どもや、見ず知らずの人にも親切にできた経験がある子どももいたので、できたことを書いてもよいこととした。お年寄りに席を譲ることができている子どもにとっては、そのような自分もふりかえってみたいという気持ちもあるはずなので、「困っている人がいたときにどうしてきたかをふりかえってみよう」という発問でもよかったように思われた。

参考

ふり返りカード
年　組
○これまでに親切にしようと思ってもできなかったことや、これからやっていきたいことを書きましょう。

（久保田大介）

◆ 子どもが「なかま」を見つめる授業実践＜3＞

お互いに支え合い，いっしょに生きるなかま

● 中学年〔信頼・友情〕の実践
● 中心的な資料 「いいち，にいっ，いいち，にいっ」

いっしょに生きる「なかま」を見つめる

中学年の子どもは，浅いつきあいのなかでなかまを評価しがちである。そのため，なかまのよさに気がつかないことがある。そこでまず，自分となかまが，互いに存在を認め合う肯定的な関係を結び，なかまとのかかわりを広げていく体験が必要であると考える。そして，その体験を通して，子どもが，いままで自分が気がつかなかったなかまのよいところを見つめることができるようにしたい。

自己を見る目を豊かにする主な手だて

1 聴覚障害者との交流体験を行う

聴覚障害者とのかかわりを通すことで，身近ななかまと自分との関係をこれまでと違う視点で見ることができるようになると考え，交流体験を設定する。

2 お互いに支え合って，いっしょに夢を追って生きている人の紹介

健聴者と聴覚障害者のデュオから話を聞く場を設定する。

第3学年　道徳学習指導案

1 **主題名**　お互いに支え合うなかま

【内容項目　中学年：信頼・友情】

2 **中心資料名**　「いいち，にいっ，いいち，にいっ」

(『どうとく3 明るい心で』東京書籍)

3 **ねらい**　仲間や友達とのかかわりを広げながら，お互いに支え合おうとする心情を育てる。

4 **主題設定の理由**

　友達関係を築くには，まず相手とのかかわりを求めることである。そして，友情は，かかわりのよさを体感するなかで生まれる。

　共に遊び，会話することから始まり，誤解や感情のぶつかりあいなどを経て，相手のよさに気づくようになったり，相手の気持ちを推し量るようになったりする。

　今回の指導では，互いに理解し，信頼しながら友情をはぐくんでいくよさに気づかせることが大切だと考え，本主題を設定した。

5 **事前の体験活動（交流活動）との関連を図る工夫**

〔事前の活動〕

　以下の2つの活動は，本校では「心の学習」として実践しているが，内容としては，総合的な学習の時間に位置づけることができる活動である。

①　聴覚障害者との交流

　　区内の聴覚障害者協会から2回来校していただき，交流を行う。また，同時に手話サークルからも手話通訳者に来校していただき，子どものコミュニケーションの手助けをしていただく。

②　歌手のアツキヨとの交流

　　アツキヨは，健聴者と聴覚障害者のデュオ。お互いに刺激しあい，高めあって夢をかなえつつある例として紹介する。

〔本時…道徳の時間〕（以下を参照）

6　本時の学習の流れ

学 習 活 動	指導上の留意点
1．アツキヨとの交流のなかで感じたことをふりかえり，友達について話し合う。 ○アツキヨのように，友達を励ましたり，やさしくしたりしたことがありますか。それはどんなことですか。	○交流したときの様子がわかる写真を提示し，体験で感じたことを想起させる ○具体的な場面を数多く出させる。
2．資料「いいち，にいっ，いいち，にいっ」を読んで話し合う。 ○あいちゃんを誘って帰る道々，ちえはどんなことを考えていたでしょう。 ○1位になったときの気持ちはどんなでしょう。 ◎お母さんに「ちえちゃんのおかげ」と言われたとき，ちえはどのように思ったでしょう。	○ちえの顔を掲示し，その右側に吹き出しを描き，その中に板書する。 ○ちえの左側に吹き出しを描き，その中に板書する。 ○吹き出しの対比を押さえる。
3．もっとたくさんの友達をつくるために，もっと友達と仲よくなるために，どうすればよいのかを『道徳ノート』に書き，発表する。	○いままでの自分に目を向けるよう助言する。 ○『心のノート』p.42－43を紹介し，一緒に読む。
4．友達のよさ，大切さについて，教師の話を聞き，まとめる。	

「なかま」を見つめる子どもと教師のかかわり

1 事前の子どもの様子から

(1) 聴覚障害者との交流

体験的な交流活動として，聴覚障害者との交流を2回位置づけた。1回目の交流の後，子どもたちが「道徳ノート」に書いた感想は，以下のとおりである。

・実際はこんなふうに手話を使うんだ。
・うまくしゃべることができない人もいるんだ。
・相手の人と会話ができるようになりたいな。
・ちょっとかわいそうな感じもする。
・がんばっているんだな。
・いろいろと大変だな。
・助けてあげたいな。
・自分のことを「幸せ」と答えていたので驚いた。

このように，1回目の交流が終わった後，子どもたちはもっと聴覚障害者の方のことを知りたいという気持ちになっていた。

2回目の交流では，相手に喜んでもらおうという意識で交流に臨んだ。学年が6つのグループに分かれ，自己紹介をし，お笑いを見せたり，ハンカチ落としや校内オリエンテーリングをしたりして，楽しんだ。この後，一人の子どもの感想には次のように書いてあった。

わたしはきのう，ちょうかくしょうがい者の方との2回目の交流をしました。わたしは，クイズを出しました。わたしは，一生けん命伝えたいことばかりを出してしまい，最後は，耳が聞こえない人に向かって，「指さしてください」と，3回言ってしまいました。言った後，耳が聞こえない人に言ってもわかってもらえないのに気づいて，少し悲しかったです。けれども，気持ちが伝わったのか，指をちゃんとさしてくれました。その

> 時はとてもうれしかったです。
> 　1回目の交流では，通やくの人に手伝ってもらってばかりでした。そして，しつ問することも，どんな色が好きですかという，知らなくてもいいものをしつ問する人が多かったです。けれども，2回目は人がかわったかのように，大切なことを質問する人が多かったです。私はとてもいい交流になったと思います。

(2) 歌手のアツキヨとの交流

　　アツキヨとの交流では，子どもたちは，聴覚障害者と健聴者がいっしょに夢に向かって努力しているようすを間近に見て，あこがれを抱いていた。

2 本時の話し合いの中から

(1) 導入における話し合いから

T：アツキヨの2人に会ってどう思いましたか。
C：歌を歌っている姿を見て，ふつうの友達より心が通じているんだと感じた。
C：生活がまるで違うのに，歌を歌うことを通じて，聴こえる人と耳の聴こえない人がコミュニケーションをとれていて，すごいと思った。
C：アツシさんがキヨさんを助けながらパートナーでいられるのは，心が通じているから。
T：アツキヨのように，友達を励ましたり，やさしくしたりしたことがありますか。それはどんなことですか。
C：ある。バスケットボールでシュートを外した友達にドンマイと声をかける。
C：友達が泣いていたときになぐさめてあげた。
C：お弁当の時間，いっしょに食べる相手がいなくて困っているときに誘ってくれた。
C：自分がわからない問題を友達が休み時間に教えてくれた。

(2) 資料における話し合いから

T：あいちゃんを誘って帰る道々，ちえはどんなことを考えていたでしょう。
C：走るのが苦手だから，やっていけるかな。

3章 「なかま」を見つめる

C：あいちゃんといっしょになったんだから，力いっぱいがんばろう。
C：あいちゃんがいくら走るのが遅くても，練習すればきっと大丈夫。
C：わたしがあいちゃんを引っ張っていくわ。
C：やってみなきゃわからない。
C：どうせなら，1番になりたいな。きっと大丈夫だろう。
C：1番になれるよう練習しよう。
T：ついに1位になりましたね。1位になったときの気持ちはどうだったでしょう。
C：練習したからうまくいったんだ。
C：毎日練習した甲斐があったなぁ。
C：やればできるんだ。
C：友達のことをもっと信じなくてはいけないんだ。
C：あいちゃんが声をかけてくれなかったら1位になれなかった。
T：お母さんに「ちえちゃんのおかげ」と言われたとき，ちえはどのように思ったでしょう。またそれは，どんな気持ちからだと思いますか。
C：そんなことはない。あいちゃんのかけ声のおかげ。感謝の気持ちから。
C：あいちゃんが練習のことを思い出して，転んでもいいから，かけ声を出してくれたから，1位になれたんです。そのような感謝の気持ち。
C：だれにでも苦手なことはあるんだ。ごめんねという気持ち。
C：あいちゃんが私の期待に応えてくれたから1位になれた。

(3) 展開の後段における話し合いから

T：もっとたくさんの友達をつくるために，あるいは，もっと友達と仲よくなるためにはどうすればよいと思いますか。「道徳ノート」に書いてみましょう。
C：相手のいやなことは言わないで，助け合いたい。
C：なんでも素直に考えをぶつけられるようにしたい。
C：他の人をひと目で決めつけないようにする。
C：まず，コミュニケーションをとることが大切だと思った。

C：自分から声をかけるようにしたい。

C：自分がよければいいという心を消して，相手のことを考えるようにする。

授業を終えて

　仲間とのかかわりを広げるとは，これまで接していなかった仲間に対しては，コミュニケーションをとること。そして，これまで接していた仲間に対しては，これまでと違う見方，この人にはどんな輝きがあるのだろうという見方で見るようになること。このように考え，今回の学習を設定した。

　まず，接していなかった仲間とのかかわりを広げるような疑似体験として，聴覚障害者との交流をおいた。その結果，子どもたちは，いままで知らなかった仲間と伝え合うことができる喜びを感じることができた。

　次に，これまでと違う見方で仲間を感じるという体験として，アツキヨの2人と交流を行った。

　そして最後に，いままでかかわりを広げていなかった，固定した見方でしか仲間を見ることができなかった自分自身を，読み物資料でふりかえることができるようにした。

　したがって，この学習の評価は，本時の授業の後段で子どもたちが発表し合った内容に表れていると考える。

（※本実践は，筆者の前任校東京学芸大学附属大泉小学校でのものである）

（山﨑高志）

◆ 子どもが「なかま」を見つめる授業実践＜4＞

許し合える仲間

- ●高学年〔信頼・友情〕の実践
- ●中心的な題材　体育の時間の出来事から（役割演技を通して）

今までの「なかま」とのかかわり方を見つめる

　子どもの道徳性は，教師と子ども，及び子ども同士の日ごろからの人間関係の中で培われていく。子ども相互の人間関係が豊かになることで，有意義な学校生活を送ることができる。人間関係を豊かにするためには，相互の交流を深め，互いに信頼し，助け合い，励まし合い，認め合う場や機会を設ける必要がある。

　道徳の授業においては，いろいろな友達の感じ方や考え方などに出会うことによって，友達のよさに気づいたり，今まで気づかなかった自分の考え方，友達に対するかかわり方を見つめたりしていくことが大切である。

自己を見る目を豊かにする主な手だて

■ 役割演技を工夫する

　　道徳の時間は読み物資料を使って展開するが，役割演技を取り入れる場合には，一定の道徳的な題材を設定して，読み物資料をそのまま提示するのを省略することも考えられる。

　　例えば，子どもの日常生活の中で起こりがちな出来事を条件に演技をしたり，読み物資料の中から条件や状況だけを抜き出して演技を中心に展開したりする方法である。このようにすると，子どもの日常体験を生かすことができ，自己をより的確に見つめることが期待できる。

第5学年　道徳学習指導案

1. **主題名**　許し合える仲間

【内容項目　高学年：信頼・友情】

2. **中心的な題材**　体育の時間の出来事から（役割演技を通して）
3. **ねらい**　友達同士互いに信頼し，友達を許し，認め合おうとする心情を育てる。
4. **本授業の構想**

　(1)　役割演技の指導過程

　　①　役割演技を行うための条件設定

　役割演技を行う問題場面を示して，問題場面の状況，登場人物の役割などの条件設定を行い，これらを子どもに理解させる。条件設定には，「時（いつ）」，「場所（どこで）」，「登場人物（だれが）」，「行動の特徴・性格」，「出来事」，「状況」などさまざまな条件があるが，ねらいにかかわる内容が展開できるように子どもにしっかりと把握させておく。演技を中断しながら，ねらいに迫ることができるように条件を加えていくこともある。

　　②　ウォーミングアップ

　役割演技を行うための雰囲気づくりである。子どもの緊張をほぐしたり，それぞれの役割を理解したりするために行うものである。演技を行う前に，登場人物の立場になりきらせるために「自分だったらどのように演じるか想像してみよう」などのイメージづくりを行う。短時間で終わりがちな演技がしっかりとイメージをもたせることにより子どもは自己の考えや判断で即興的に言葉や動作をつくり出すことができる。

　　③　役割や条件に即した即興的演技の開始

　役割演技を行う子どもが，各自の役割や場面の条件などを十分に把握したうえで即興的演技を行う。

　　④　演技の中断

　ねらいにかかわる演技が行われていない場合は，演技を中断して，教師が助言し，演技がねらいとする価値にかかわるようにしていく。

⑤ 演技の終了と話し合い

演技を行った子どもと見ていた子どもとの話し合いを深める。演技を行った子どもと見ていた子どもの感じ方，考え方を中心に話し合い，ねらいとする道徳的価値に迫る。

⑥ 役割交代

演技を行った子どもが互いの役割を交代して演技を行う。自分と異なった立場や考え方などに対する理解を深めるようにする。

(2) 役割演技を行ううえでの状況と出来事

本授業では，身近にありがちな出来事を中心的な題材として活用する。身近な問題を活用することにより，子どもにとって場面がイメージしやすくなり，自分の考えや判断で即興的に言葉や動作をつくり出すことができる。

以下は，題材として設定した場面の骨組みである。

時	体育でリレーの試合を行った後
場　所	教室
登場人物	友達2人（A君・B君）
行動の特徴	A君～走るのが得意，他のチームに負けたことが悔しい。 B君～走るのがあまり得意ではない。
出来事	試合に負けてしまい，A君がB君を責める。

5　展開の大要

	学習活動（主な発問と子どもの反応）	指導上の留意点
導入	1．「友達同士信頼する」について考える。 ○友達同士信頼するとはどういうことか。 ・困っていたら助けてあげる。	●具体的な場面を想起させ，ねらいとする価値への方向づけを行う。
	2．設定した場面（省略，上記参照）にもとづいて役割演技を行い，登場人物の行為や感じ方や考え方について話し合う。 (1)　条件と出来事を把握する。 (2)　登場人物をイメージし，演じさせる。	●登場人物や出来事をしっかり理解させる。

展開	(3) 演技を開始する。 (4) 演技を中断する。 (5) 役割演技について話し合う。 <演技をした人> ○演技をしてみて，どんな感想をもったか。 　A　B君に言ってすっきりした。 　B　悪口を言われて嫌な気持ちがした。 <演技を見ていた人> ○演技を見て，どんな感想をもったか。 　・B君が言い返せばいい。 　・B君はA君に何も言えなくてかわいそう。 　・A君はB君に対してひどかった。 　・自分が言われたら嫌だった。 (6) 役割を交代する。 (7) 演技を再開する。 (8) 演技を終了する。 (9) 役割演技について話し合う。 <演技をした人> ○演技をしてみて，どんな感想をもったか。 <演技を見ていた人> ○演技を見て，どんな感想をもったか。	●演技は，自分で判断し，即興的・創造的に行わせる。 ●話し合いは，演技の巧拙にならないよう十分配慮する。 ●役割演技を通して，演者は，登場人物の気持ちを実感し理解させる。見ていた子どもには，「忠告」，「同情」，「批判」，「共感」などの気持ちをとらえさせる。
	3．今までの自分の友達とのかかわり方についてふりかえる。 　○友達を許し，認めようとしたことはあるか。または，できなかったことはあるか。そのときどんな気持ちだったか。	●今までの自己の行為を想起し，できたときの満足感，充実感やできなかったときの嫌悪感などに目を向けられるようにする。
終末	4．友達とのかかわりについての教師の話を聞く。	

「なかま」を見つめる子どもと教師のかかわり

[1] 子どもの自己の考えや判断で即興的に言葉や動作をつくり出す役割演技

T：これから一組の人にやってもらいます。A君はh君にやってもらいましょう。B君を，k君にやってもらいましょう。この札をかけるともうA君，B君になります（A君，B君に札をかける）。では，スタート。

＜演技開始＞

A：B君のせいで負けたんだぞ。（強い口調で）どうしてくれるんだ。

B：しょうがないじゃないか。走るの得意じゃないんだから。

A：もっと練習すればいいのに。

B：そんなに練習ばかりできないよ。

A：なんで練習できないんだよ。いつも勉強はよくしているのに。

B：そんなに言うなよ。

＜演技中断＞

T：ストップ。B君はそんな強くないですから，そんな言い返す力はなさそうです。A君はとてもA君らしいですね。では，もう一度やってみましょう。もう一度，スタート。

＜演技再開＞

A：B君のせいで負けたんだよ。どうしてくれるんだ。

B：……（無言）

A：何か言ってよ。

B：……（無言）

A：今度の試合には，どうすればいいんだ。

B：……（無言）

＜演技中断・話し合い活動に入る＞

[2] 登場人物の気持ちを実感し理解を深めた，演技をした子ども

T：それでは，演技をしてくれたA君とB君に感想を聞いてみましょう。「どうしてくれるんだ」とか「もっと練習すればいいのに」と言われて，B君

はどんな気持ちでしたか。
B：自分が遅くてちょっと悪いと思った。でも，少し嫌だった。
T：自分も遅くて悪いと思ったんだね。それから，いろいろと言われて嫌な気持ちになったようだね。それでは，B君を責めたA君はどんな気持ちでしたか。
A：自分の役だから言ったけど，ちょっと言い過ぎてしまったかなと思った。

3　登場人物に共感した，演技を見ていた子どもたち

T：それでは，見ていた人はどんなことを思いましたか。
C：A君は，ちょっとB君に対してひどかった。
T：どんなところがひどかったですか。
C：B君のせいで負けたんだぞ，とか，どうしてくれるんだ，とか。
T：ほかの人はどうですか。
C：とてもすごいけんかだった。A君はB君にちょっと言い過ぎたと思う。あと，B君はA君に何も言えなくてかわいそうだと思った。
C：B君が言い返せばいいと思う。
C：A君は走るのが得意だから別にだれにも文句を言われないからいい。でも，B君は走るのが苦手でかわいそうだと思う。
C：A君はちょっと言い過ぎていた。B君がかわいそう。私がA君だったらそんなことを言わないと思う。
C：A君もB君もなんか強かったです。自分がそこまで言われたら嫌になると思う。
C：もし私がA君だったら，けんかとかしないで「ドンマイ」と言ってあげたい。

4　役割を交代して，相手の気持ちを実感し，仲間を許し，認めていこうという気持ちを深めた子どもたち

T：「言い過ぎた」「かわいそう」という意見が多いようですね。それでは，今度は役割を交代して，演技をしてもらいましょう。
＜役割交代＞
（札を付け替え，A君をk君が，B君をh君が行う）

3章 「なかま」を見つめる

　　では，準備はいいですか。自分がどのようにするか考えましたか。それでは，スタート。
A：負けても仕方ないよ。
B：うん。
A：走るのが苦手だから練習しよう。
B：うん。
A：今度リレーをするときは，がんばろうよ。
B：……。
A：じゃ，練習しよう。
　＜演技中断・話し合い活動＞
T：はい，ありがとうございました。今度は，A君が責めるというよりは慰めていましたね。演じてくれた2人はどんなことを思いましたか。
A：相手のことを思ってやさしく言った。
B：A君に言われてほっとした。
T：どんな言葉がほっとしましたか。
B：「がんばろうよ」とか……。
T：やさしいA君で，B君もほっとしたようですね。それでは，みんなは演技を見てどんなことを思いましたか。
C：やさしいA君でよかった。自分が言われたらうれしい。
C：A君がB君に「走るのが苦手だから練習しよう」と言って，A君がとてもやさしかったと思う。
C：1回目はとっても怖かったけど，2回目はA君がやさしかったから言われているB君もよかったと思う。
C：やさしいA君のほうがいい。
C：A君はB君の気持ちを思っていてよかった。
C：B君は今度はかわいそうというより，うれしいのだと思う。
C：今度のA君はなんかやさしかった。B君もほっとした様子だった。
T：今回のA君はやさしくて，見ていた人たちも，今回のほうがいいようですね。

参考 ～役割演技の効果～

1. 登場人物の気持ちを実感し，自己の行為や感じ方，考え方を再認識することができる

読み物資料のように，読んだり聞いたりするだけなく，実際に演技をしたり，演技を見たりするなどの活動を重ねることにより，登場人物の気持ちを実感し，自己の行為や感じ方，考え方を再認識することができる。

2. さまざまな問題場面に出会ったときに望ましい行為を選択できるようになる

役割演技はさまざまな場面・状況に応じて即興的演技を行うものである。道徳の時間にさまざまな場面・状況に応じて行う即興的演技は，子どもの日常生活での自分の体験に裏付けられたもの，あるいは，体験から割り出された新しい表現である。このような即興的演技を行ったり，観察したりする経験を積むことにより，さまざまな問題場面に出会ったときに望ましい行為を選択できるようになる。

3. 相手の立場に立って行動する態度を育てることができる

即興的演技を行ったり，観察したり，また，役割交代を行ったりすることにより，自他の感じ方，考え方の違いを認識し，相手の立場に立って行動する態度を育てることができる。

(齋藤賢二)

◆ 子どもが「なかま」を見つめる授業実践＜5＞

真のリーダーになるために

- ●高学年〔役割の自覚と責任〕の実践
- ●中心的な資料「幸せをおくるリーダーに」

学校のリーダーとしての6年の「なかま」を見つめる

　6年生になると，1年生とのかかわりや運動会や自然教室といった学校行事，日常の委員会活動やクラブ活動など，それぞれの集団でのリーダーとしての言動が求められる。しかし，役割や責任の重さを感じたり，自分に自信がもてずにいたりする6年生も少なくない。そこで自分がリーダーとして活動していることの意味を感じたり，下級生から慕われている自分や自分たちを見つめたりできるようにしたい。

自己を見る目を豊かにする主な手だて

1　事前学習との積極的な関連をもたせる工夫

　事前学習として，とくに自然教室や修学旅行とのかかわりを考えた。5年生と同じ班をつくり，一緒に活動しているなかで，6年生として5年生に対して何ができるかを考えていくようにした。そして，その体験で考えたことを「感動ファイル」として綴らせておくようにした。

2　授業協力者の位置づけの工夫

　本校で最上級生を体験し，巣立っていった卒業生を授業に招き，リーダーとして大切な心を一緒に話し合う場を位置づけた。

第6学年　道徳学習指導案

1　主題名　真のリーダーとは

【内容項目　高学年：役割の自覚と責任】

2　中心資料名　「幸せをおくるリーダーに」（『道徳6 明日をめざして』東京書籍）

3　ねらい　小学校の最高学年として，集団の中での自分の役割を自覚し，集団のために何をすべきかを考え，積極的に責任を果たそうとする態度を育てる。

4　主題設定の理由

　本主題で指導する社会的役割とは，学校という集団における最上級生という役割である。第6学年では，委員会活動，クラブ活動，学校行事，低学年の世話など，学年や学級の枠を越えた学校全体の役割に責任をもち，それを前向きに果たすことによって，自分自身も成長し，周りの役にも立ち，さらによりよい集団が形成されていく。そこで，集団の一員としての自分の役割を自覚し，周りのことを考えて明るく積極的に責任を果たそうとする見方や考え方，感じ方をとらえる道徳学習が大切である。

5　関連単元的な道徳学習の工夫

　本主題については，関連単元的な道徳学習として構想した。関連単元的な道徳学習とは，一つの道徳の指導内容にかかわる体験を事前や事後の活動として意図的に位置づけ，道徳の時間の中でその体験を積極的に活用することである。本主題では，次のような体験を位置づけ，関連単元として設定した。

【本主題における関連単元としての設定】

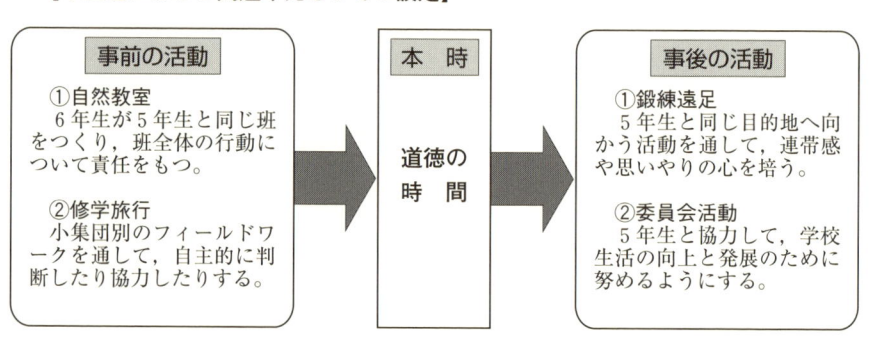

事前の活動	本　時	事後の活動
①自然教室 　6年生が5年生と同じ班をつくり，班全体の行動について責任をもつ。 ②修学旅行 　小集団別のフィールドワークを通して，自主的に判断したり協力したりする。	道徳の時間	①鍛練遠足 　5年生と同じ目的地へ向かう活動を通して，連帯感や思いやりの心を培う。 ②委員会活動 　5年生と協力して，学校生活の向上と発展のために努めるようにする。

6 本時の学習の流れ

段階	学習活動と内容	指導上の留意点
つなぐ	1．自然教室などの体験のなかで，感じたことや考えたことをふりかえり，本時の学習の方向をつかむ。 　学校のリーダーとして大切な心をもう一度見つめ直そう。	※写真資料で活動の様子を提示し，子どもが体験について綴っている「感動ファイル」をもとに心情を想起させる。
深める	2．資料「幸せをおくるリーダーに」をもとに，社会的役割の自覚と責任の価値を追求・把握する。 　(1) 1回目のクラブを終えたときの主人公の気持ちを話し合う。 　　・どうしたらいいだろうか。（不安感） 　　・やめてしまいたい。（責任回避） 　(2) 主人公が生き生きと行動するようになったときの気持ちや考えについて話し合う。 　　・ものごとをよい方向で考えよう。（プラス思考） 　　・私はリーダーなんだ。（集団のなかでの自分の役割の自覚） 　　・よいところを見つけてがんばろう。（責任感） 　　・クラブ長としての経験が自信につながる。（自分の喜びと成長） 　　・もっとよいクラブへ。（集団の成長）	※授業協力者（卒業生）とともに，主人公の気持ちや考えを話し合わせる。 ※これからの活動に不安を抱いている気持ちに共感させる。 ※周りの人のことを考えながら前向きに責任を果たすことの大切さと，それが自分や集団の成長につながることに気づかせる。 ※小集団をつくり，そのなかに卒業生を交えて話し合うようにする。 ※周りのことを考えて責任を果たすこと，自分と集団の成長の観点から卒業生に話してもらう。

見つめる	3．最高学年としての自覚をもち，責任をもって行動できた自分のよさをふりかえったり，これから心がけたいことを考えたりする。 ・周りへの感謝 ・責任感 ・集団の成長	※『心のノート』79ページに記入させる。 ※各グループの授業協力者に励ましの言葉をかけてもらい，前向きな気持ちで自分や集団を高めようという心があることを自覚させる。
あたためる	4．5年生からの手紙を読み，本時の学習のまとめをする。 5年生から，自然教室や委員会活動やクラブ活動などでの6年生の活動のすばらしさや6年生への感謝の気持ちの手紙	※5年生からの手紙を読ませ，これからも幸せをおくるリーダーとしてがんばっていこうとする意欲を高めることができるようにする。

7　本時の評価について

　本時においては，次のような授業仮説をもとに評価を行う。

> 　資料中の主人公がクラブの部長として生き生きと活動するようになったわけについて，小集団や授業協力者（卒業生）とともに話し合う活動を位置づければ，子どもたちは，真のリーダーとして大切な見方や考え方をとらえることができるであろう。

【評価の方法(学習ノート分析)】　　　　　【評価の観点】

自分の考えと交流後の考えを比較できるノート　←　○責任感　○役割　○自分の成長
　　　　　　　　　　　　　　　　　　　　　○成員への思いやり
　　　　　　　　　　　　　　　　　　　　　○集団の成長

3章 「なかま」を見つめる

「なかま」を見つめる子どもと教師のかかわり

1　事前の子どもの様子から

　関連単元的な道徳学習として，5年生とグループをつくる「自然教室」と，小集団でのフィールドワークを中心とした「修学旅行」を位置づけた。

　とくにその2つの学校行事については，「感動ファイル」という記録ノートにそのときどきの思いを記録していくようにした（164ページ参照）。

　A児は，右のように自然教室をふりかえった感想をまとめていた。

　また，修学旅行においてA児は，班のリーダーという立場ではなかったが，同じ班の班長を見ながら，自分も見習いたいという思いをもった。それは，フィールドワーク中の班の中での意見の対立を，自分の気持ちを抑えながらまとめていた班長の姿を見たことによるものである。

> 自然教室でリーダーとしてできた。同じ班の6年生もがんばっていたので，私もやっていけたと思う。同じ班の5年生から「ありがとうございました」と言われたときは，じーんとして本当にうれしかった。でも，落とし物のことなどで班の人に迷惑がかかることもあった。リーダーとして大切な心は，みんなに対して明るく，思いやりの心をもち，責任をもつことだと思う。

【資料1　自然教室を終えて】

2　事前の体験との関連を図った導入

　導入では一人一人に『感動ファイル』を持たせておいて，自然教室や修学旅行の写真を提示し，次のように発問した。「学校のリーダーになって7か月たちました。どんなことを感じたり考えたりしましたか」

　子どもたちの中からは，「自然教室では班長になったけれど，はじめての自然教室の5年生もいて，リーダーとしてまとめることの難しさを感じました」といった責任の重さを実感した発言や「修学旅行でも班長をしたけれど，班の友達はどのように見てくれたかなあ」などの不安感を表す発言があった。そこで，本時の学習のめあてを次のように設定した。

【めあて】あなたは真のリーダーですか。リーダーとして大切な心を見つめ直そう。

3 資料「幸せをおくるリーダーに」を通した価値の追求・把握

　資料は，事前に読ませ，感想やみんなで考えてみたいことを書かせておいた。
　本時では，資料での状況を説明した後，クラブ長になった主人公が1回目のクラブ後に，運営に悩んでいる場面での主人公の気持ちや考えについて話し合いを行った。子どもたちは，「どうやったらいいのか，わからなくなった」，「もう，やめてしまいたい」などの不安感や，リーダーをやめて責任を回避したいといった考えを示し，思い悩む主人公の気持ちに共感することができた。
　そして，後半では，『ポリアンナ』という本に出合った主人公が，その物語の話を参考にして，「よかったさがし」を始め，クラブ長として生き生きと活動するようになった場面での主人公の気持ちや考えについて話し合うようにした。このときに，小集団で話し合う場を設定し，一つのグループに1人ずつ授業協力者を招いた。その授業協力者とは，前年度，学校のリーダーとして活躍した卒業生（中学校1年生）である。
　まず，話し合いに入る前に，主人公が生き生きと活動するようになった気持ちや考えについて，学習プリントに書かせた。A児は，右のような考えを書き，小集団での話し合いに臨んだ（資料2）。
　一人一人が順番に考えを出し合った後，互いに相手を決めて聞き合うようにした。そのなかで，子どもたちの話し合いを聞いた卒業生から話をしてもらうようにした（資料3）。とくに，集団の成員のことを考えることやリーダーとしての役割によって，自分自身や集団の成長につながることを話してもらった。子どもたちは，卒業生の言葉を聞きながら，あらためて，リーダーとしての心構えの大切さを感じていた。

> 前向きに考えよう。わたしはクラブの部長なんだ。自分が明るく生き生きとしていたら，きっとみんな私に応えてくれるだろう。毎回「やってよかった」とみんなが思えるクラブの時間にしよう。
> わたしも，委員会で初めて前に出て，とても緊張してしまい，話す順序がバラバラになってみんなに伝わらなかったことがあった。でも，自分が変わろうとしたおかげで慣れることができたから。

【資料2　A児の考え】

> みんなが言うように，前向きにリーダーとしてがんばろうという気持ちはよくわかるよ。ぼく自身もそうだったから。そのときに大切なことは，グループのみんなが楽しく過ごせているかということをリーダーが考えていくことが大切だと思う。そうやって互いに協力し合えることで，グループも高まっていくだろうし，そんなリーダーになれることで自分に自信もつくと思う。

【資料3　卒業生の言葉】

小集団での話し合いで付け加えられたり強化されたりした考えを学習プリントに書き込み、学級全体で話し合った。右の話し合いの様子（資料4）のように子どもたちは、前向きに考えることの大切さやリーダーとしての役割の自覚、責任感、自分自身や集団の成長といった視点から話し合うことができた。A児も、プリントの付け加えの中に、「このままじゃいけない。プラス思考で前向きに、そして自分も楽しめて全員が協力できるようにしないと。そのためには自分が変えていかなきゃいけないし、まずは自分が変わることが必要なんだ」と書き込んでいた。

> T：今、友達や卒業生の先輩と話し合って、どんなことを思いましたか。
> C：ポリアンナと同じように、物事をよい方向に考えることはとても大切なことだと思います。
> C：主人公は、私自身が幸せをおくるリーダーだと感じていると思います。
> T：でも、リーダーだからもっと強く言っていいんじゃないのかな。それにつらいことだよね。何のために？
> C：クラブとして、せっかく集まった仲間だから、みんなが一人一人の力を出し合って楽しめるようにしていかないといけないと思います。
> C：クラブとして高まるようなリーダーになれる経験で、自分に信をもつようになると思います。

【資料4　全体での話し合いの様子】

4　最高学年としてのこれからの自分づくり

委員会活動などで日頃からがんばっている様子の写真を提示したり、『感動ファイル』の中の自分の考えをふりかえらせたりしながら、次のように問いかけた。「あなたも、周りの人に幸せをおくるリーダーですね。今の自分をふりかえって、どんなことを思いますか」

子どもたちは、周りへの感謝を忘れずにがんばっていることや下級生に対して優しく接することができていること、自分が集団をつくるリーダーであるし一員なのだ、というような声が次々に聞かれ、今後のリーダーとしての活動への意欲づけを図ることができた。最後に、5年生から6年生への手紙を読ませ、下級生がしっかりと6年生のリーダーとしての行動を見ていてくれることを感じとらせていった。

> 一生懸命、リーダーとしてがんばっているつもりだけれど、まだまだ周りの人におくる幸せパワーが足りない。
> もっと明るく、みんなが楽しんで活動できるようにしたい。

【資料5　A児のふりかえり】

参考

○『感動ファイル』

関連単元として設定できる体験をピックアップし，それぞれの体験での記録をファイルとして綴らせ，道徳の時間にいつでも見られるようにしている。

1枚目	わたしは○○小のリーダー(1) ①「リーダー」という言葉から（イメージマップ） ② 明日は自然教室。5年生だった去年とは違う，6年生としての自然教室。今，どんな気持ち？ どんなことを考えている？
2枚目	わたしは○○小のリーダー(2) ①○○小のリーダーになって7か月たちました。どんなことを学びましたか。そして今，どんなことを感じていますか。（自然教室で……，委員会活動で……，その他） ②「○○小のリーダー」，「最上級生」として，責任を果たしたことはどんなことですか。 ③ズバリ聞きます。あなたは○○小のすてきなリーダーですか。
3枚目	自然教室をふりかえって ①あなたは5年生を引っ張っていくリーダーとしてがんばることができましたか。 ②リーダーとしての2日間，うれしかったこと，つらかったこと，苦しかったこと，反省したこと，学んだこと……は。 ③リーダーとして大切な心とは？
4枚目	修学旅行が終わりました A　班長だったあなたへ。おつかれさま。班長としてどうでした。 B　あなたの班の班長のよかったところを教えてね。
5枚目	「幸せをおくるリーダーに」を読んで

○板書

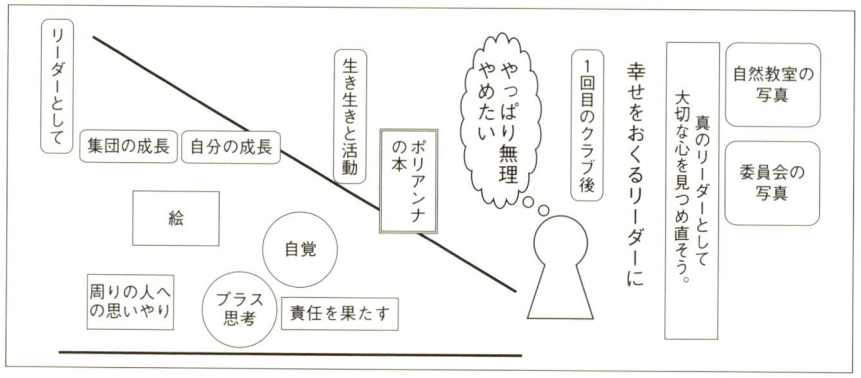

（髙野文子）

■ ◆ 子どもが「なかま」を見つめる授業実践＜6＞

世界のなかまをひろげよう

●高学年〔国際理解・親善〕の実践
●中心的な資料 「エドウィン＝ライシャワー」

世界の一員として「なかま」を見つめる

　我々は，日常生活の中でさまざまな人々とかかわり合って生きている。家族，学校，地域と集団が大きくなるごとに，そこでの人間関係は広がりを見せてくる。
　相手とのかかわりを通して得るもの，学ぶものも多様に広がっていき，共に高まろうとする意欲も育ってくる。徐々にこの範囲を広げていくとき，これからの国際社会を担っていくであろう子どもたちには，高学年ではやはりグローバルな視野をもって「共に生きるなかま」を見つめる機会をもたせていきたい。世界のなかまの一員としてじぶんを見つめるとき，互いの理解を深め，仲よくつきあうことの大切さを実感できる。

自己を見る目を豊かにする主な手だて

1 気づきの大切さを実感できるようにする

　これまでの道徳授業（公正公平・寛容）や総合的な学習の時間でのＡＬＴとの交流を想起し，人々とのかかわりに目を向けさせる。

2 多様な価値観を引き出す

　中心発問では，自分の価値観以外にも多様な価値観があることにふれる。相手を尊重し，相互理解をもとうとする資質が高められる。

3 書くことで自己を見つめる

　『感じたこと考えたことノート』に思いを綴る。

第5学年　道徳学習指導案

1. **主題名**　世界のなかまの一員として

　　　　　　　　　　　　　　　【内容項目　高学年：国際理解・親善】

2. **中心資料名**　「エドウィン＝ライシャワー」(『5年生の道徳』文溪堂)

3. **ねらい**　外国の人々や文化を大切にする心をもち，日本人としての自覚をもって世界の人々と仲よくしていこうとする態度を育てる。

4. **主題設定の理由**

   (1) ねらいとする価値について

　本時の指導内容は「外国の人々や文化を大切にする心をもち，日本人としての自覚をもって世界の人々との親善に努める」である。国際理解については，高学年になってはじめて扱われる内容である。国際化が進み，相互理解，協調の必要性が高まっている。世界の中の一員であるという自覚を深め，世界のなかまとして今自分に何ができるかを見つめさせることを通して，世界の人々との友好関係を築いていこうとする態度を育てていきたい。

　国際理解教育は，きわめて広い領域をもっている。本時では国際親善に視点を当てて，ねらいとする価値に迫りたい。

   (2) 子どもの実態

　情報技術の発達とともに，世界の出来事を瞬時にして知ることができるようになった。映し出された画像はある出来事の経緯の一部を取り上げたものであり，すべてを認識することは困難なため，どうしてもイメージが先行しがちになる。

　異文化理解も断片的なものにとどまっているが，総合的な学習の時間などでは意欲的に外国の様子を知ろうとする意欲の高まりをみせている。

　小さな集団から世界へと「なかま」を見つめる視点を向けることはこれまで少なかったが，これまでに「なかま」とのよいかかわりを育ててきた体験から，世界へ目を向けることはスムーズにできることと思われる。

   (3) 資料について

　日米の親善に尽くしたエドウィン＝ライシャワーは，日本で生まれた。14

歳でアメリカに渡り，大学教授となった後，駐日大使として再び日本を訪れる。両国の文化や伝統，社会情勢を熟知しているライシャワーは，駐日大使としてその手腕を発揮し，在任中，日本各地を訪れ，日米の親善に心を砕いた。

　日本人の青年に刺された事件にあい，輸血を受けた後，「今，わたくしはいわば日米の混血になったのです」と声明を発表し，79歳で生涯を終えるまで日米親善のため力を尽くした。

　互いの国のよさを知り，差別や偏見をもたず，友好関係を築きたいと願う思いをもったとき，多くの人々の心を動かす。刺傷事件の直後，多くの日本人がライシャワーのもとへ駆けつけたことからもそれが伝わってくる資料である。

5　自分をより深く見つめるために

◇導入でＡＬＴとの交流を想起し，外国の人たちともっと仲よくなりたいという気持ちを高め，本時のねらいとする価値への方向づけをする。

◇『心のノート』を開いて，世界の中の一員であるという自覚をもてるようにする。

◇総合的な学習の時間での国際理解教育，社会科での世界の国々を知る授業，国語科のマザー・テレサ等高学年での取り組みや世界の様子を伝えるテレビニュースや新聞記事等，普段から情報を収集して年間を通して世界のなかまへ目を向ける機会を設け，適宜投げかけていく。

6　本時の流れ

学習活動と主な発問	予想される子どもの意識の流れ	指導上の留意点
1．ＡＬＴとの交流をふりかえり，そのときの感想を発表しあう。	・知らない国の人の話が聞けて楽しかった。 ・もっとたくさんの外国の人たちと仲よくなりたい。	・ＡＬＴとの交流を想起し，もっと仲よくなりたいという心の湧きだしを大切にする。
2．資料を読んで話し合う。		

○駐日大使を依頼されたときのライシャワーはどんな気持ちだったか。	・自分に務まるだろうか。 ・日本人は自分を受け入れてくれるだろうか。 ・自分なりに努力してみよう。	・親善大使としての不安もあったが，もっと仲よくなりたいという心が勝って引き受けたことに気づかせていきたい。
◎日本各地を訪ね多くの日本人と出会ったときのライシャワーはどんな気持ちだったか。	・日本の人たちともっと仲よくなりたい。 ・日本にはよさがたくさんある。 ・アメリカのよさを伝えたい。	・国際親善に意欲的に貢献するライシャワーの気持ちについてさまざまに考えられるようにする。
○ライシャワーを心配して駆けつけた多くの日本人に対してライシャワーはどんなことを考えたか。	・一人の過ちで日本人はすべてこうだと決めつけてはいけない。 ・外国人である自分をこんなにたくさんの日本の人々が心配してくれている。 ・今まで以上に日本の人たちと仲よくなりたい。	・罪を憎んで人を憎まずの寛容な心や友好的な態度は，国を越えて多くの人々の心を動かしたことを感じとらせたい。
3．今までの自分をふりかえる。 ○外国の人々や文化を大切にし，世界の人々と仲よくしようとしたことがあるか。	・仲よくしたい気持ちはあるがどう接していいかわからなかった。 ・もっと外国の人々や文化を知って仲よくなりたい。	・自分を見つめ，身近なところから世界の一員としてできることを考えさせながら，今までの自分に目を向けられるようにする。 ・『感じたこと考えたことノート』に本時の中で考えたことをまとめさせる。
4．『心のノート』を読む。		・世界のなかまを見つめ，仲よくしていこうとする気持ちを高める。

「なかま」を見つめる子どもと教師のかかわり

1　事前の子どもの様子から

●自己の公正公平さについてふりかえる

　それぞれの個性や立場を尊重し，互いの差異を認め合うことの大切さについて金子みすゞの詩「石ころ」で授業をしている。馬や子どもを転ばせた石ころにも身動きできない悲しい事情があったことに気づき，相手を「こうだ」と決めつけることなく，相手の立場を思いやることの大切さを感じとっている。世界の人々と仲よくしていこうとするとき，このような学習の中で自分と違うなかまを受け入れることの大切さを感得していければ，視野を広げ，柔軟で優しい対応ができるようになると感じられた。

2　資料における話し合いから

●語り合うことでねらいとする価値を深める

T：駐日大使を依頼されたときのライシャワーさんは，どんな気持ちだったでしょうか。
C：自分が生まれた国だから行ってみたい。
C：今の仕事が充実しているのに，それを辞めるのはもったいない。
C：アメリカのよいところを伝えるいい機会だ。
C：自分に務まるだろうか。自信がない。
C：誰でもできることではない。日本をよく知っている自分だからできることがきっとある。
T：日本の各地を訪ねて多くの日本人と出会ったときのライシャワーさんは，どんな気持ちだったでしょうか。
C：歓迎してくれてうれしい。
C：もっとたくさんの人と仲よくなりたい。
C：優しくしてくれてありがとう。
C：こんなにたくさんの人が迎えてくれるなんて夢にも思わなかった。
C：日本人はいい人たちだ。

C：ぼくがアメリカ人でも日本人に会うみたいにしてくれてうれしい。

C：アメリカのよいところもたくさん伝えたい。

T：日本の青年に刺されて輸血を受けたライシャワーさんを心配して多くの日本人が駆けつけてくれたとき，ライシャワーさんはどんなことを考えたでしょうか。

C：こんなにたくさんの人が心配してくれて感激した。

C：この事件をきっかけに日本とアメリカの仲が悪くなったらどうしよう。

C：青年はひどいと思うが，日本人すべてがひどいわけじゃない。

C：これからも日本の人たちと仲よくしていきたい。

C：青年が自分を憎んだわけが知りたい。

C：きっとなにか誤解してるはずだから，話し合いたい。

C：話してみればわかりあうこともできると思う。

C：でも，そんな人だったら最初からひどいことをしようとは思わないんじゃないかな。

C：外国人だからとか，あの人はこうだと決めつけないで，ライシャワーさんを見てみれば誤解はとけると思う。

C：きっと青年は自分のしたことを後悔していると思う。

C：駆けつけた日本人たちは，過ちを犯した青年をかばう気持ちもあっただろうと思う。

T：かばう気持ちってどんなこと？

C：ごめんなさいっていう気持ちを日本人みんなが伝えたかったんだと思う。

『感じたこと考えたことノート』から

> ライシャワーはアメリカと日本がたがいにりかい し協力しあうようにならなければならないと思うので大使の役を引き受け来日した。
> その日本で日本人の男におそわれたにもかかわらず日米の友好関係のために活やくし続けられたのはライシャワーの自分の国や第2の故郷を愛する心そしてそれを受け入れる日本人のあたたかい心があったからだと思う。
> 外国の人々や文化をりかいし好きになることはこれからの社会で国々が協力しあうためにとてもたいせつだと思う。
> 私ももっと自分の国の文化を学び好きになっていろいろな国の人に日本のよいところを伝え，外国の文化も受け入れ世界の人たちを好きになりたい仲よくなりたい。

参考

● どこから切り込んでいくか

ユネスコが1974年に国連総会で採択した「国際教育勧告」から約30年が過ぎ

ようとしている。国際社会で積極的に活躍し，貢献できる日本人を育成することが今日的課題となった昨今，グローバルな視点をもって，異文化理解の推進，コミュニケーション能力の育成，日本人としての自己の確立が求められている。国際理解教育は，相互文化理解にとどまることなく，環境，平和，人権，開発，親善，交流，援助，協力等広い領域をもっている。切り口をどこに置くかで，教育活動の場面や内容は多様に広がっていく。国際理解を道徳の時間に取り上げる場合にも，視点は多様にあり，1時間の授業ではある一つの視点からの投げかけ，ほんの一部分にしかふれることができない場合もある。

そこで，総合的な学習の時間，社会科，理科等，様々な教育活動の場面や体験活動が，相互に関連し合ったり，部分的に重なり合ったりすることに着目し，道徳の時間にはそれらを生かしてねらいにせまることができる。地域の実態や子どもの発達段階等を考慮して，創意と工夫をもって授業を構想していきたい。

●体験を通した生の声を生かす

アメリカに留学していた大学生に「留学を通して感じたことや学んだこと，子どもたちに国際理解教育をしていくうえで大切なことは何だろう」と問うてみた。

「見ると聞くとでは大違い。実際にそこでの生活を体験してみて初めてわかることがたくさんあった。どうしてそのような文化があるのか，いろいろな条件の下，必然性があったからこそ生まれた慣習や習慣があったことに気づいた」

「でも，日本に住んでいる子どもたち全部があなたと同じような体験はできないし，世界中のありとあらゆるところへ実際に行くことは難しい。だから，まずは，差異を認めることから伝えていくことが第一なのだと思う」

「差異を認めるには，何が差で何が異かを決めなければならない。でも，その前にまず固定観念を砕くことが先のように思える。これまでの思い込みを捨てて，あるがままを見つめてみること，これが先決のような気がする。

するととても素直な気持ちになって相手の言葉や行為が受け入れられるような気がする。差別や偏見を捨てることも大切だと感じる」

ほんの短い会話だったが，ここに，大切なキーワードがたくさん隠されていることに気づいた。自分のこれまでの生活経験の中からは，想像もつかなかった文化や慣習，習慣があり，それを真っ先に違うと否定したり，拒否したりするのではなく，相手を認め受け入れること，国やそこに住む人々をひとくくりにして誤った印象をもたないこと，個を見る目を失わないようにすること，友好的に接することなどである。

この大学生との会話から，国際理解教育ではとくに何が大切かを自問自答していくと，節度・規則・個性伸長・礼儀・思いやり・寛容・友情・公正公平・尊敬感謝・敬虔・集団の役割・公共心・公徳心・愛国心等々，道徳の指導内容の多くが浮かんできた。そのなかでもとくに本時の授業と前後して深くかかわらせていきたい内容は，ライシャワーの国際親善に尽くす姿勢を支えた寛容や公正公平の心であることに気づいた。

キーワード

国際理解についての授業を行うとき，指導者が知識としてもっていたいキーワードがたくさんある。例えば，次のようなものがあげられる。
- ステレオタイプ：人が物事を理解するときに行っている，たぶんに主観的，感情的で偏ったカテゴリー化。
- エスノセントリズム：自分の文化における価値観を基準として他の文化を測り，往々にして自文化のほうが優れているという結論をもちがちなこと。
- カルチャーショック：異文化に接したとき受ける精神的な衝撃。

　（※本実践は，筆者の前任校石岡市立府中小学校でのものである）

（齋藤眞弓）

編者・執筆者一覧

【編　者】

永田　繁雄　文部科学省・国立教育政策研究所

【執筆者】（執筆順）

永田　繁雄　上掲
山下　永治　岐阜県岐阜市立長良東小学校
長谷川節子　神奈川県相模原市立千木良小学校
齊藤　　誠　富山県黒部市立三日市小学校
金子　雄二　埼玉県西部教育事務所
毛内　嘉威　弘前大学教育学部附属小学校
土田　暢也　新潟県胎内市立黒川小学校
星　　直樹　早稲田実業学校初等部
大家　幸栄　東京都中央区立日本橋小学校
川島　丈典　東京都千代田区立九段小学校
平野　美和　福島県郡山市立安積第三小学校
柴田八重子　愛知県美浜町立野間小学校
植田　清宏　京都府京都市立二の丸北小学校
黒川　祐子　愛媛県今治市立鳥生小学校
久保田大介　東京都八王子市立第四小学校
山﨑　高志　東京都練馬区立北町小学校
齋藤　賢二　東京都調布市立布田小学校
髙野　文子　福岡県大野城市立大野小学校
齋藤　眞弓　茨城県石岡市立府中小学校

「じぶん」「いのち」「なかま」を見つめる道徳授業

2006年10月24日　初版第1刷発行
2017年2月1日　初版第5刷発行

編　者　　永田繁雄
発行者　　山﨑富士雄
発行所　　教育出版株式会社

〒101-0051　東京都千代田区神田神保町2-10
電話　03-3238-6965　振替　00190-1-107340

©S. Nagata 2006　　　　　　　　　印刷　モリモト印刷
Printed in Japan　　　　　　　　　製本　上島製本
落丁・乱丁はお取替えいたします。

ISBN978-4-316-80115-5　C3037